JN191147

「支配しない男」になる

別姓結婚・育児・DV被害者支援を通して

沼崎一郎

Numazaki Ichiro

ぷねうま舎

「支配しない男」になる ❖ 目次

II　男にとっての妊娠・出産・育児　101

序　政治的なことは個人的である

「個人的なことは政治的である」という有名なフェミニズムのスローガンがある。身近で些細な悩み事が、実はより大きな社会構造や政治経済の仕組みにつながっていること、そしてそれゆえに自分の悩みの種を一人で解決することは不可能であり、同じ悩みを共有する多くの仲間たちと連帯して、社会構造や政治経済の仕組みそのものを変えていかなければならないこと、そのことに気づいた女性活動家たちが、一九六〇―七〇年代にかけて打ち出したスローガンである。

敬愛するベル・フックスの言を借りると、フェミニズムとは「性／性別による差別と搾取と抑圧とを終わらせようという運動」だ。それは、はっきり言えば、男性支配による性差別と性搾取のシステムを根本から変革しようという運動だ。この運動に参加する男に、私はなった。そして、男としてこの運動にかかわるとはどういうことかを模索してきた。その軌跡を、ここで簡単にたどっておきたい。

私は一九五八年生まれである。団塊の世代と段階ジュニア世代に挟まれた狭間の世代に属する。高度成長期、中産階級の専業主婦家庭に育った。中学校では、男子は技術科、女子は家庭科と分かれていた。技術科で男子が本棚などを作っているところに、家庭科で女子が作った料理が届く時代だった。ちょうどその頃、ピンクのヘルメットをかぶった「おばさん」たちがデモする姿が時折テレビのニュースになっていたが、興味を感じたことはなかった。フェミニズムはもちろん、ジェンダーという言葉さえ知らずに、高校・大学を日本で過ごした。女性学やフェミニズム思想に初めて触れたのは、アメリカで大学院生をしていた一九八〇年代だろうか。だが、それほど興味を抱くことはなかった。「もっと大きな問題がある。それを私は研究するのだ」と、ずっと思っていた。

たとえば、専業主婦たちの漠然とした虚しさに「名前のない問題」という名前をつけたベティ・フリーダンについては、こんなふうに思っていたのだ。彼女は、豊かな先進国の専業主婦の贅沢な欲求不満を口にしているだけではないか。資本主義システムや植民地支配といったもっと大きな問題に目を向けなければ。先進国の女性差別は、それに比べれば小さな問題だ。働きたければ働けばいいさ。能力があればできるはずじゃないか。事実、優秀な女性は立派に働いている……。

そんな私が、フェミニズム運動に参加する男になったのは、有名なスローガンとは反対に、「政治的なこと」という「もっと大きな問題」が、実はこの私がどうするかという「個人的なこと」であることに気づいたからだった。そう気づかせてくれたのは、別姓結婚であり、育児体験であり、ドメスティック・バイオレンス（ＤＶ）被害者支援であった。

別姓結婚

「夫婦別姓」を知ったのは、アメリカの大学院に通っていた時だった。同級生の女性が結婚したのだが、姓は変えないと言ったのだ。それは、宣言などという大それたものではなく、ごく自然な発言だった。夫婦別姓などという言葉も英語にはない。ただ、結婚する女性が姓を変えない選択をするというだけのことらしかった。しばらくすると、「姓は変えないって教えたのに、お婆ちゃんたら夫の姓にミセスを付けた手紙を寄越すんだから」と嘆く彼女がいた。特に憤慨するでもなく、仕方がないなあという感じだった。夫とは異なる姓を名乗る有名なフェミニスト社会学者にも出会った。「あれじゃ、夫婦かどうかわからない。初めて夫を紹介された時も、姓が違うから関係がわからなくて挨拶に困ったよ」と、人類学の教授の一人が冗談めかして批判していた。

当時はアメリカの夫婦別姓の歴史も実状も詳しくは知らなかったのだが、さまざまな場面で性差別が問題化され、消防士もファイアマンではなく、ファイアファイターでなければいけないとか、チェアマン（議長、学科長など）も男性とは限らないのだから、マンを取ってチェアと呼ばなければならないとか、手紙の受け取り手の性別がわからないのに〝ディア　サー〟と書くのはおかしいから、〝ディア　サー　オア　マダム〟と書かなければいけないとか、いろいろな体験をしていたので、夫婦で異なる姓を名乗るくらいでは驚かなかった。しかし、「何もそこまでしなくても」と感じたのも事実である。

それで、台湾へ長期間のフィールドワークに出かけるに際して、院生同士の結婚に踏み切った時も、普通に婚姻届を提出したし、結婚後の姓（正確には氏《うじ》）を「沼崎」にすることに、私個人は何の疑問も抱かず、妻もそれほど問題にしなかった。

妻は、仕事上は旧姓を使い続けていた。ところが「結婚後も、苗字はそのままだから」と言っていたにもかかわらず、妻の友人たちは、勝手に気を利かして「沼崎……」という宛名の手紙を彼女にくれるのだった。台湾から一足先に帰国した妻が、某先生にお歳暮を送った時、たまたま発送人の欄に実家の住所を書き、自分の氏名も「旧姓」にしたために、離婚したかと心配した先生が妻の実家に電話してきたなどということもあった。

アメリカで博士論文の口頭試問を終えて、東北大学に就職したばかりの頃、学生時代の先生を訪ねて雑談していた時に、何かの拍子に「うちは夫婦別姓ですから……」と私が言うと、「え、あんたたち、そういう人なの?」と驚かれて、こちらがビックリしたことがあった。その日は、たまたま研究室の掃除を妻に手伝ってもらっており、「奥さんは?」と聞かれて、私が「今、研究室の片付けをしてもらってます」と答えると、「なんだ、夫婦別姓なんて言って、やってることは日本的じゃないか!」と仰る。「別姓」の妻は夫の手伝いなど決してしないはずだとでもいうのだろうかと、さらにビックリしたのだった。

こうした些細な出来事の積み重ねから、何気なく、しかも悪気なく現れる「家」意識とか、「別姓結婚」に対するさまざまな偏見に気づき始めたのであった。「別姓」の夫婦には、「仲が悪い」とか「生活もすべて別々」とか「アメリカ的(それがどういう意味であれ)」といった偏見が付きまとう。また、「別姓」すなわち「旧姓へのこだわり」と受け取り、「実家ばなれできない嫁」という印象を持つ人も、特に年配の人に多かった。とにかく、わかってもらえないのだ。そういう状況が、しばらく続く。

そんな中で、同じような悩みを共有しつつ、選択的夫婦別姓の法制化を求める運動に取り組む人々に出会った。一九九一年に発足し、仙台を中心に活動していた「別姓を考える会」である。一九九五年から私もこの会に参加し、全国の仲間たちとともに、議会への請願や、選挙の際の候補者への公開質問などを行うようになった。「個人的なこと」が、だんだん「政治的なこと」になってきた。フェミニズムのスローガンは本当だ、そう思った。

「政治的なこと」が、再び自分の「個人的なこと」になってきたこともある。一九九六年、法制審議会が別姓結婚を可能にする「民法の一部を改正する法律案要綱」を答申したにもかかわらず、自民党と一部宗教勢力の強烈な反対運動によって民法改正案の国会上程が阻止された時のことだ。民法改正も遠のいたようだからペーパー離婚して事実婚になろうと妻が言い出した。これに私は抵抗した。何もそこまでしなくてもと思ったのだ。そして、私は「もっと大きな問題がある」論を持ち出した。私たちが事実婚になっても、戸籍制度が消えてなくなるわけではないし、戸籍制度の本質的な問題は天皇制であってウンヌンカンヌンヌン……。

だが、自分の反論が詭弁に過ぎないことは、自分でもよくわかっていた。もしも戸籍と天皇制がつながっていて、天皇制こそが問題なのであれば、戸籍の筆頭者にしがみつく私はミニ天皇ではないか。妻にとって問題なのは、遠くの皇居の天皇ではなく、隣りに寝ているミニ天皇のほうではないか。私が問われているのは、自分がミニ天皇であることをやめるかどうかであり、事実婚がもたらすかもしれない困難（実は、ほとんどまったくなかったのだが）を自分が引き受けるかどうかだったのだ。このとき、フェミニズムが男に突きつけるのは「政治的なことは個人的なこと」つまり「自分自身が問題だ」という事実なのだと初めて実感した。男性支配という「大きな問題」は、個人的には、「支配する男」であり続けるのか、それとも「支配しない男」に自分を変えるのかという問題なのだ。

そして、あまり主体性はないのだが、私をペーパー離婚に踏み切らせたのは、夫婦別姓に反対する勢力が「通称使用」なら許容すると言い出したことだった。彼らと同じレベルに留まってはいられない、もっと前に進まなければと焦ったわけだ。一九九七年二月、婚姻届提出一〇周年記念日に、妻と私は晴れて離婚届を提出した。届の証人欄には、別姓を考える会の仲間が二人、署名捺印してくれた。

育児体験

私の育児体験は、一九九二年、妊娠中の妻の定期健診に付き添うことから始まった。一緒に超音波画像を見て胎児の成長を確認するのが主な目的だったが、待合室での経験から学ぶことも多かった。

私のように妻に付き添ってやってくる男性は少なからずいた。どうやらドライバーとして来ているらしい。おもしろかったのは、三―五歳くらい年上の子も連れてきている場合である。お母さんが一人で診察室に入ろうとすると、「ママぁ～！」と子どもが追いかける。取り残されて泣く。そばの父親は眼中にない。父親も途方に暮れている。その様子を見て、笑いをこらえながら、こういう父親にはなるまいと思ったものだった。

妻が希望していたし、私も興味があったので、立ち合い出産を申し出た。妻とともに、出産シーンのビデオを見るという研修を受けねばならなかった。なんでも、立ち合いながら倒れる父親がいたのだそうだ。ビデオを見せながら「大丈夫ですか?」と医者が聞く。

実際に出産に立ち会った際には、妻の肩のあたりに立っているので、赤ん坊を取り上げるところを直接見るわけではない。聴診器がつながれたスピーカーを通して、胎内の赤ん坊の心臓の鼓動が分娩室に響いていた。「あれ、音が聞こえなくなった」と思ったら、赤白紫の塊が遠くに見えた。一瞬エイリアンかと思ったが、それが我が子であった。

「お風呂に入れるのはお父さんなんですから、ついてきてください」と看護師さんに言われ、赤白紫の塊を抱えた彼女の後について洗い場に向かう。シャワーで流されて赤は消えたが、紫の塊に白いものがついたままである。「脂は、そのうち吸収されて消えますから」と教えられる。産着にくるまれた紫の塊は、体重を計られた後に酸素を浴びせる装置に寝かせられる。たくさん酸素を吸ったからなのか、紫の塊がスーッと色白の赤ん坊に変わった。ああ人間だったんだと、ホッとした。

退院後は、お風呂だけでなく、深夜一時と早朝四時のおむつ替えと授乳を担当した。夜くらいはゆっくり眠りたいと妻に言われ、そりゃそうだと納得したからだ。それに、普段から深夜は読んだり書いたりという研究の時間だった。どうせ三時四時まで仕事しているのだから、片手間におむつ替えと授乳をするくらい簡単なことだろうと思っていた。それで、気楽に引き受けたのだった。

とんだ大間違いだった。授乳するには、哺乳瓶を消毒しなければならない。煮沸消毒しようとすると、早めに用意しなければ授乳時間までに哺乳瓶が冷めない。おむつ替えの準備もしなければならない。本など読んでいられないのである。そして、おむつ替えも順調に進むとは限らない。おむつを外したとたんにウンコが宙を飛ぶなんてこともある。そうなったら、ベビーベッドのシーツを変えて、洗濯機を回さねばならない。すべてが順調に進んでも、すぐに寝ついてくれるとは限らない。ベッドに下ろすと泣く。仕方ないから抱き上げる。するとスヤスヤ寝息を立てる。寝たと思ってベッドに下ろすと、また泣く。仕方ないから……。書きものなどしていられないのである。

結局、授乳間隔が長くなるまでの数カ月、深夜にできることは赤ん坊の世話だけになってしまった。自分の研究などまったく手につかなかった。

子どもが生まれる半年前の一九九二年四月から、いわゆる「育児休業法」が施行されていたので、正式に育児休業を申請しようかとも思ったが（ある長老の教授によると「沼崎ならやりかねないと恐れていた」そうだ）、駆け出しの講師の低い給与が半減するのは大きな痛手だったので、残念ながら育児休業の先例となるのは諦めて、時間が比較的自由に使えるという大学教員の特権を最大限に育児に利用するという作戦を取った。決して公務をサボったわけではないが、研究時間のほとんどを育児時間に回したわけだ。事実上の研究休業であり、当然ながら私の「論文生産」は大いに停滞した。私の研究時間が多少回復するのは、子どもが幼稚園に通い始めた一九九五年のことだった。寝かしつけた後の夜の時間が、再び自分のものになったからだ。

幼児と毎日長時間接していると、いろいろなことがわかるようになった。たとえば、子どもの体温が何度くらいかは、抱いただけで、ほぼ一度単位で察知できるようになった。ちょっと熱っぽいけど三八度は越えていないだろうとか、これは明らかに三八度以上あるなということが、即座に感じられるのである。もちろん、体温計で確かめるわけだが、体温計は私の感覚の正しさを証明してくれた。

言葉以外のコミュニケーション能力も鍛えられたと思う。泣き声の意味、表情の意味、さまざまなしぐさの意味が読み取れるようになったし、子どもの気持ちを感じられるようになった。話しかけるだけでなく、抱き方や撫で方で自分の気持ちが伝えられるようになった。つまり、感情表現力が高まったのだ。

そして、私は「感情的な男」になってしまった。テレビのニュースに瘦せこけた難民の子どもの姿でも映ろうものなら、私の胸はギュッと締めつけられ、私の目からは涙が溢れだし、膝のうえの我が子を想わず抱きしめずにはいられなくなったのだ。

それは新鮮な驚きだった。自分は感情になど流されない完璧に理性的な男だと、幼い頃から私は思い込んでいた。小学生だった頃、『宇宙大作戦』というアメリカのSF番組が好きだった。主人公の一人に、バルカン星人の父と地球人の母を持つミスター・スポックという科学士官がいた。バルカン星人は、感情を完全にコントロールし、どんな状況でも純粋に論理的に思考するよう進化した人々であり、ミスター・スポックも常に冷静沈着で論理的に行動するのである。他の主役は地球人で、特にカーク船長はしばしば感情に流されて窮地に陥る。実に「人間的」な人だったが、そのせいでミスター・スポックに迷惑ばかりかける。「ぼくはミスター・スポックになるんだ」と、小学生の私は自分に言い聞かせたものだ。その私が、まるでカーク船長みたいに感情的になるとは！

さらに私は、母親のような感情を抱くようになった。幼稚園に通う子どもの弁当を作るようになってからだ。自分が弁当を作った日は、子どもが帰ってくるとすぐに弁当箱をチェックするようになった。キレイに空になっていればホッと安心できたが、何か残してあると、不味かったのかとか、体の具合が悪いのではと、心配になって仕方がなかった。そして、自分の母親のことを思い出したのだ。母も、私たち子どもが帰宅すると必ず弁当箱をチェックしていた。空っぽだと微笑み、何か残しているとアレコレと聞いてくるのだった。そんな母を見て、少年の私は「女はつまらんことに一喜一憂するもんだ」と密かに軽蔑していたのだ。自分が同じように「つまらんことに一喜一憂」するようになって初めて、母の気持ちが実感できた。自分もまったく同じ気持ちを抱くようになったからだ。

こうした育児体験を通して、母性神話の愚かさに気づく。これこそ母性と言われる感情を父親の私もすべて体験していたし、直接母乳を飲ませること以外、育児で男にできないことは何もないと自分の体験を通して確信できたからである。

最後に、私はベティ・フリーダンの言う「名前のない問題」を自分で味わうことができた。妻も大学で教えていたので、子どもの朝の世話は出勤時間の遅いほうが担当するという分業体制を敷いていた。私が当番の時は、起きるやいなや、子どもにトイレを済まさせ、服を着せ、体温を確認し、同時に弁当を作り、朝ご飯を作って子どもに食べさせ、持ち物チェックをし、スクールバスの停留所に子どもを連れて行き、バスを待ちながらお母さんたちと雑談し、バスに子どもを乗せると、ようやく一仕事終了となる。自分のことをしている閑などないから、顔も洗ってないし、バサバサの髪は帽子で隠し、服装も汚い普段着である。そんな私の隣を、身なりを整え、カバンを持って、妻が悠然と出勤していくではないか。その姿と自分とを見比べて、「俺は何をやってんだ」と焦りが湧いたこともあったのだ。そして、「ああ、これがベティ・フリーダンの言っていた……」と気づいたわけである。

私は、翌日になれば立場が変わったし、仕事もしていたから、もちろん深刻に悩むには至らなかったが、もしも自分が専業主夫で、来る日も来る日も家事育児に追われ、颯爽と仕事をする妻を毎日眺める立場だったら、「名前のない問題」に苛まれたことだろう。そう想像することができるようになった。そして、専業主婦に心から共感するようになったし、「フェミニズムはバカにできない」と実感するようにもなったのである。

DV被害者支援

私がDV被害者支援にかかわるようになったのは、その前に大学のセクハラ被害者支援にかかわるようになったからであり、そうなったのは夫婦別姓選択制を求める民法改正運動に足を突っ込んだからだった。民法改正運動を通して、さまざまな活動家や弁護士、女性団体とつながりができた。具体的な経緯は忘れてしまったが、このつながりを通して大学のセクハラ問題に取り組むネットワークづくりにかかわることになってしまったのだ。一九九〇年代半ばから、各地の大学で教員のセクハラ問題が表面化しており、あちらこちらで被害者の支援を模索する動きがあったのだが、全国的に連帯しようという声が上がり、私が東北地方の連絡係を引き受けることになった。そして、一九九七年秋にキャンパス・セクシュアル・ハラスメント全国ネットワークが設立され、私は東北ブロック代表ということになった。

ブロック代表などと言っても名ばかりで、本当に「連絡係」程度のつもりだったのだが、さっそく相談の手紙が舞い込んだ。それも私が勤める東北大学の大学院生からだった。しかも、訴訟を起こす準備をしているというのだ。驚いてはいられなかった。なんと仙台市内の別の二つの大学でも、訴えを起こそうとしている被害者がいたのだ。そして、三つの裁判がほぼ同時に始まった。以後三年ほど、毎月のように裁判傍聴に出かけた。

そのときに被害者のサポーター役になってくれたのが、ハーティ仙台という性暴力被害者支援に取り組む女性たちだった。私は、親愛の情をこめて「フェミニストおばさん」と呼んでいる（「おいおい、それはセクハラ発言だよ」と言われそうだが）。

やがてハーティ仙台の「フェミニストおばさん」たちはDV被害者のシェルターを始めた。そして、会うたびに私にこう言うのだった。「加害者はみな男だよ。沼崎さん、あなたも男なんだから、加害者のほうをなんとかして」と。そう言われても、どうしていいかわからない。「とにかく勉強だけはしてみるから」などと、私は曖昧に答えていた。

二〇〇〇年夏から二〇〇一年秋にかけて、客員研究員として一年間ハーバード大学に行く機会があり、ボストン近郊のケンブリッジという町に住むこととなった。そして、ケンブリッジにはエマージ（EMERGE）というDV加害者再教育に取り組む団体があることを知った。そのような団体としてはアメリカで最も古い団体だ。そこが研修会を開くというので、「勉強だけはしてみる」と言っていたこともあり、私も参加することにした。それが二〇〇一年春のことである。そこで私は衝撃的な体験をすることとなる。

バタラーと呼ばれる加害者男性についての見方が、一八〇度変化したのだ。それまで私は、暴力をふるう男性とは、抑えきれない何かに突き動かされて暴力をふるってしまうのだろうと思っていた。極端な言い方をすれば、いろんな事情で、暴力をふるわずにはいられない、かわいそうな男たちなのだろうとさえ思っていた。自分だって、妻に対して、カッとすれば大声も出す。手を上げたことはないが、怒鳴ったり、無視したりくらいはしていた。自分の経験に照らして、「カッとすることはあるし、そうなれば我を忘れて暴れちゃうことだってあるよなぁ」と、漠然と思っていたのだ。そのような私の思い込みが、エマージのカウンセラーたちによって、木っ端微塵に粉砕されたのである。彼／彼女らが口々に強調したのは、バタラーは「暴力を選んでいる」ということだった。それは、生まれて初めて耳にする考え方だった。しかし、カウンセラーたちの話を聞くうちに、「そうか、そうだったんだ」と納得できたのである。

「暴力を選ぶ」とはどういうことだろうか。

たとえば、妻に向かって「このバカやろう！」と怒鳴ったとしよう。妻に頼まれて近所の家まで少々重い届け物をしたら、妻が「九時には居るはずだから」と言っていたのに誰もおらず、無駄足を運ぶ結果となってしまい、帰宅するなり、「いいかげんなこと言うなよな。誰もいなくて鍵がかかってたじゃないか。このバカやろう！」と怒鳴りつけたというわけだ。

エマージで学ぶ前の私だったら、この行動を、こんな風に正当化しただろう。いやぁ、寒い中、重い思いをしたのが無駄足になってしまって、イライラしていたもんだから、ぬくぬくと家にいた妻の顔を見たら、ついカッとなってしまって、怒鳴っちゃったんだよねぇ、と。しかし、これは嘘なのだ。実は、私は、怒鳴るという暴力行為を「選んだ」のである。

もしもエマージのグループ・カウンセリングに出席していたら、私はこう言わなければならない。「先日、私は、届け物をしようとしたら無駄足になってしまったことを妻のせいにして、家に帰るなり、『このバカやろう！』と妻を怒鳴りつけ、その結果、妻に怖い思いをさせてしまいました」。

エマージのカウンセラーなら、きっと次のように聞いてくるだろう。「無駄足になった帰り道、あなたはどんなことを考えていましたか？」

もしも、私が「え？　イライラしてましたけど、別に何も考えちゃいませんでした」などと答えようものなら、「いや、あなたは何か邪推していたはずです。よく考えてみてください」と厳しく追及される。そして、こう答えなければならない。「はい。たしかに邪推してました。いつも妻は何かと俺をこき使おうとして、いろいろ言いつけてくるんだ。そのせいで、俺は苦労してるんだ。今日もそうだ。俺が無駄足を踏んだのは、妻のせいだ。妻がいいかげんなことを言うから、こんなことになったんだ。いいかげんなことを平気で言うのは、俺をないがしろにしているからだ。ちくしょう、許さないぞ。帰ったら、きつく言ってやる。そうしなければ、俺の腹の虫が治まらん。そんな風に考えていたと思います」。

すると、カウンセラーは、「それで、怒鳴ることを選んだのですね？」と詰め寄ってくる。私は「はい。私は怒鳴ることを選びました」と認めなければいけない。「いやぁ、カッとして思わず」などという弁解は許されない。カウンセラーは、こう問いかける。「でも、あなたは叩きはしませんでしたね？　怒鳴るかわりに、叩くことだってできたはずでしょう？　本当にカッとしていたなら、叩いたんじゃないですか？　でも、あなたは叩かなかった。いいですか、あなたは、叩くこともできたし、怒鳴ることもできたんです。もちろん、何もしないことも。いろいろな選択肢があったんですよ。その中から、あなたは、怒鳴ることを選んだんです」。

反省は、まだまだ続く。カウンセラーは、さらに「怒鳴ったとき、あなたはパートナーがどう感じるか考えましたか？」と聞いてくる。そうしたら、なぜ自分が選んだのは「バカやろう」という言葉だったのか考えなければいけない。もっとヒドイ言葉も選べたはずなのに、なぜ「バカやろう」程度に止めたのか。妻に与えるダメージを計算し、傷つけ過ぎないように用心しながら、それでも傷つけようとして、罵り言葉を選んでいたのではないか。

「暴力を選ぶ」とは、こういうことだ。パートナーの言動を曲解し、悪意があったのだと邪推し、自分が嫌な思いをしたのはパートナーのせいだと決めつけて、仕返しに、パートナーを「痛い目」に合わせようとする。それが「暴力を選ぶ」ということなのだ。

冷静に、そして公平に考えれば、自分で無駄足を防ぐこともできたのだ。留守かどうか心配なら、電話して確かめればいいのだから。それなのに、そういう用心はせずに届け物を持って出たとしたら、無駄足の責任は妻の言うことを鵜呑みにした自分にあり、妻にはない。悪いのは自分だ。

それに、曲解や邪推さえしなければ、妻を責める気にはならなかったはずだ。きっと何か急用で外出して留守だったのだろうと思えば、諦めもついたかもしれない。電話をしなかった自分が悪いと自分を責めることもできたのだ。

それなのに、理不尽にも妻を責め、妻に言葉の暴力をふるったということは、さまざまな可能性があるにもかかわらず、「暴力を選んだ」ということになるのだ。エマージでのグループ・セッションでは、このように自分が「暴力を選んでいる」ということ、したがって「暴力を選ばないこともできる」ということを繰り返し学んでいく。

この体験は、本当にショックだった。それから、妻も子どもも怒鳴れなくなった。いや、時には「つい怒鳴ってしまう」ではない、「怒鳴ることを選んでしまう」こともあるが、すると妻や子どもに「DVだ!」と突っ込まれるようになり、突っ込まれると「そうではない」とは決して言えなくなってしまった。

エマージでの学習の成果は、「騙されずにバタラー（DV加害者）を見極められますか?――アメリカの教訓」（『アディクションと家族』一八巻三号、二〇〇一年九月）という文章に書いた。エマージの共同創設者のデイヴィッド・アダムスさんの代表的な論文「DV加害者男性のための治療モデルの分析――フェミニズムを支持する男性カウンセラーの立場から」（『アディクションと家族』一八巻四号、二〇〇一年一二月）も翻訳した。よりわかりやすい読み物として、『なぜ男は暴力を選ぶのか――ドメスティック・バイオレンス理解の初歩』（かもがわブックレット、二〇〇二年一一月）を出版した。

以来、DV被害者支援の運動にかかわり続けている。

I

結婚と家族

第一章　「伝統」への挑戦
——日本の夫婦別姓論争を香港の平等継承権論争と比較して——

はじめに

最初に考えたいのは、「伝統」に潜む男性ジェンダーの問題と、〈支配的な伝統〉が引き起こす〈家族内の人権問題〉である。そこで、ここでは、日本における夫婦別姓論争と香港における平等継承権論争に焦点を合わせ、「伝統的な家族」は「女性の人権」を侵害しているのだから変革しなければならないという女性運動の主張を比較文化的に検討する。

香港における平等継承権論争とは、中国返還以前の一九九三年から九四年にかけて、女性にも男性と対等な土地相続権を認めるべきかどうかをめぐって発生した大論争である。イギリス統治下の香港においては、九九年期限で租借された新界と呼ばれる地域では、租借以前から祖先が定住していた住民、すなわち〈原居民《げんきょみん》〉に限って、慣習法に則り、土地相続権を男子のみに認めるという条例が施行されていた。この条例は、男女平等に反するから改正すべきか、それとも漢民族社会の伝統だから容認すべきかをめぐり、香港の世論を二分する大論争になったのである。(1)

一九九四年一二月から約半年にわたって香港に滞在した私は、この大論争の余韻を肌で感じることができた。そして、「女性の人権」が「家族の伝統」と対立するという論争の構図が、とても印象深かった。なぜなら、同じような論争が、日本でも始まっていたからである。それは、夫婦別姓の法制化をめぐる論議だ。香港に旅立つ直前、私は、夫婦別姓選択制の導入に賛成する葉書を日本の法制審議会宛てに投函したばかりだった。しかも、賛成の理由は、氏名は個人の人格権という基本的人権だからというものだ。

土地の相続権と氏名の選択権という違いはあるが、香港でも日本でも、人権を根拠に「伝統」の変革を求めるという運動が始まっていることに、新鮮な驚きを感じたのであった。

一九九五年五月に香港から帰国した私は、仙台で活動していた別姓を考える会というグループに参加し、民法改正を求める運動に加わった。翌九六年二月、法制審議会は五年越しの検討の結果、夫婦別姓選択制の導入を含む民法改正要綱を答申した。すると、一部の宗教団体や政治家から夫婦別姓反対の大合唱が起こり、一九九六年は夫婦別姓論争の年となった。反対派の主張の要点は、夫婦同姓は家族の一体感をもたらす良き伝統であり、大多数の国民に受け入れられているから守るべきだというものだった。(2) ここでも、「伝統」が人権の前に立ちはだかっているではないか！　香港と同じ構図だということに強い衝撃を受けたのだった。

そして、これは文化人類学者として放置できない事態だと考えるようになった。香港でも日本でも、人権を根拠に家族の変革を求める人々と、伝統を根拠に家族の変革に反対する人々が、激しく対立しているように見える。より一般的には、個人の人権、特に女性の人権と、民族の伝統とが衝突しているように見える。しかし、本当にそうなのか。

東アジア社会の近代化にともなう社会変容を研究する文化人類学者であり、また人権擁護のための社会運動に取り組む活動家でもある私にとって、これは学問的にも実践的にも実に重要な問題だ。そこで、私自身のこれまでの研究と実践を踏まえ、(3) ここでは、人権という視点から自分たちの文化の変革を求める運動が提起する問題について、比較文化的に考察していきたい。

一　植民地香港の平等継承権論争

香港島は、アヘン戦争後の一八四二年、南京条約によってイギリスに割譲された。一八五六年にはアロー号事件をきっかけに第二次アヘン戦争が勃発、イギリスは一八五八年の天津条約と一八五九年の北京条約によって九龍《クーロン》半島の先端部も獲得する。そして、一八九八年には、香港地域拡張に関する条約が北京で締結され、イギリスは九龍半島の大部分と香港周辺の島々を九九年期限で租借することになる。この租借地が、新界と呼ばれる地域である。こうして、香港島、九龍、新界からなる植民地香港が成立した（図1）。

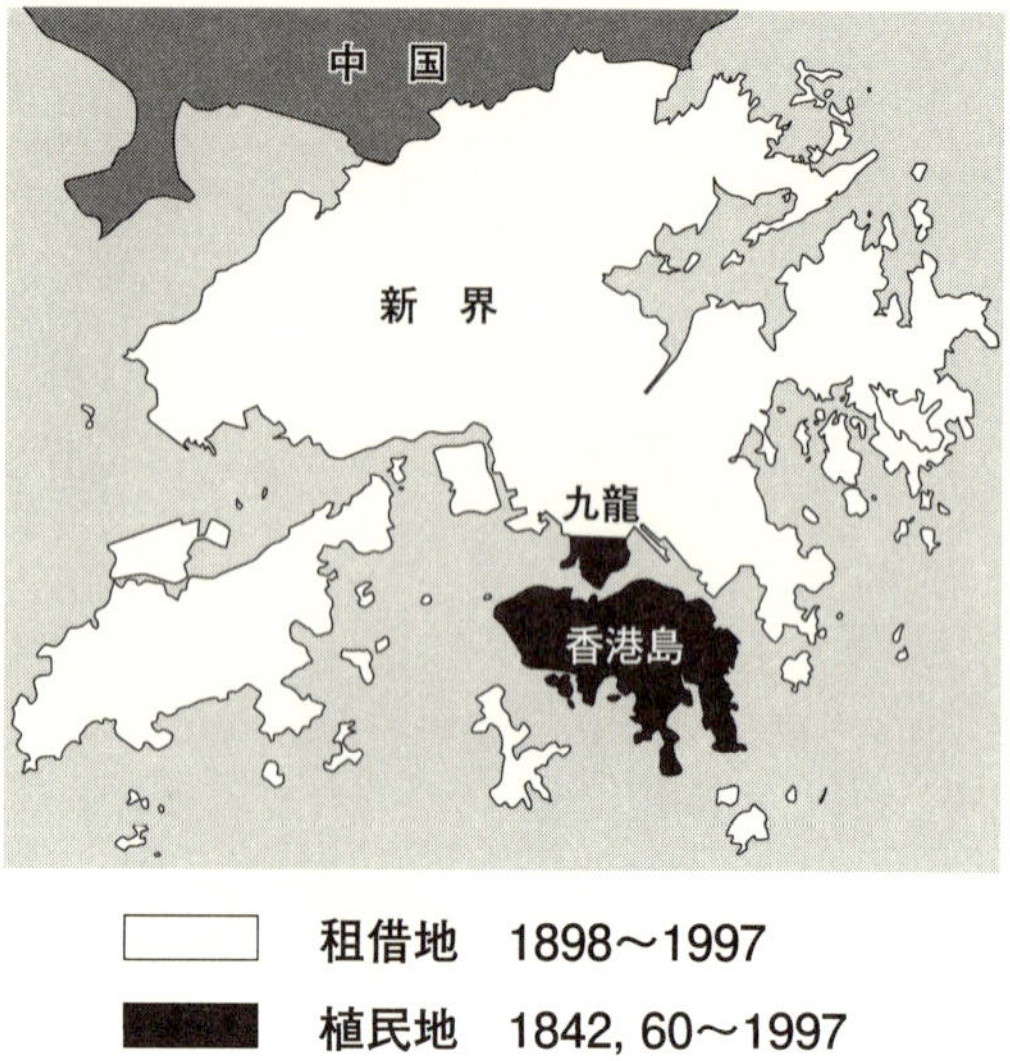

図1　植民地香港の構成

(1) 社会経済的背景[4]

イギリス領有当初は漁村が点在するだけだった香港島は、中国貿易の拠点として急速に発展する。ヴィクトリア港に面した島の北岸は都市化が進み、一八六〇年代にはガスや水道も整備され、近代的な国際商業都市へと変貌していった。一九一一年には、中国の広州と九龍が鉄道で結ばれ、対岸の九龍半島も開発と都市化が始まる。しかしながら、新界は、長い間「伝統的」な農村の姿を留めることになる。

新界の農村では、長い歴史を持ち、大地主でもあった大きな宗族の指導者層が権力を握っていた。宗族というのは、姓を同じくし、父系血縁関係で結ばれた親族集団のことである。大きな宗族は、共通の祖先を祀る祠堂、一族の系譜を記した族譜、そして土地などの共有財産を持ち、農村部で大きな支配力を維持していた。そこで、イギリス政府は、有力宗族の指導者層を取り込みながら、新界に間接統治の体制を敷いた。たとえば、新界の住民に広範な自治を認め、自治組織として郷議局を設置した。郷議局のメンバーは、有力宗族の指導者層の代表だった。また、有力宗族の既得権に配慮して、土地に関しては慣習法を適用した。それで、土地相続権は男子のみに認めるという慣習が、法律となった。これが、後の論争の火種となる。

一九五〇年代以降、新界の農村部にも産業化の波が押し寄せる。工業団地や新興住宅地が建設され、農業も稲作から都市向け野菜の生産へと移行した。新界の〈原居民《げんきょみん》〉の離農が進み、主な収入源は農地の貸し付けや海外出稼ぎへと変化した。さらに、一九七八年以降、中国が改革・開放政策に転じると、農産物は中国本土からの輸入が大部分を占めるようになり、新界の農業は衰退する。その一方で、一層の工業化と都市化によって地価が高騰、〈原居民〉たちは土地や建物の賃貸で巨額の不動産収入を得られるようになる。農民の生活も、土地の持つ意味も、大きく変化した。それにもかかわらず、慣習法は残った。これが、平等継承権運動の社会経済的な背景である。

(2) 文化的背景[5]

漢民族の「伝統」的な家族は、四つの基本原則に基づいて構成されていた。

第一に、異姓不養である。これは、姓の異なる男子を正規の養子にすることはできないという原則だが、単に養子にできるのは姓を同じくする父方の一族に生まれた男子に限るということを意味するだけではなく、父系親族集団の財産を一族以外の者には継がせないということを意味する。

第二に、父子一体である。父と息子は一体だということだ。これは、息子は父と不可分の関係にあるというだけでなく、父親の財産を受け継ぐ権利は男子のみにあるということを意味する。

第三に、同姓不婚である。同姓すなわち父系血縁関係にある男女は結婚してはならないということだ。女性は、生家を出て、姓の異なる他家へ嫁ぎ、夫の家族の一員となる。しかし、結婚後に夫の姓を名乗ることはない。姓は出自を示す記号であって、生涯不変だからである。したがって、嫁入りするといっても、完全に夫の家族に取り込まれるわけでもない。嫁としての地位は、夫の家族の正式な一員であり、かつ生涯その一員に留まる息子が生まれて初めて安定する。母と息子は、皇帝といえども別れさせることはできないと言われた。

第四に、夫妻一体である。「妻は夫を以って天となす」と言われ、妻が夫に同化するという意味で一体となる。ただし、既に述べたように、妻は異姓の者であり、夫の正統継承者である息子を産んで母となるまでは、その地位は盤石ではない。

宗族は、このような原則で結びついた家族の拡大版である。そして、香港新界には、巨大な宗族が存在していた。その基盤は、これら「伝統」的な漢民族家族の原理であった。これが、平等継承権運動の文化的な背景である。

(3) 平等継承権運動の展開(6)

一九九三年一〇月六日、五名の〈原居民〉女性が、立法評議会に赴き、新界の〈原居民〉女性にも、香港島などの都市部住民同様、不動産の相続権を認めてほしいと訴えた。一一月二七日には〈新界女原居民委員会〉が発足、女性にも平等な土地相続権を認めることを求める平等継承権獲得運動が、〈原居民〉女性自身の手によって開始された。

　重要なのは、この運動の中心に立ったのが〈絶房女《ぜつぼうじょ》（チュッフォンノイ）〉と呼ばれる女性たちだったという点である。〈絶房女〉とは、「房を絶やす女」を意味する。房とは、大きな宗族の下位区分を指すこともあるが、通常は、父の家の中で兄弟たちがそれぞれ構成する夫婦単位の核家族を指す。

　図2は、家と房との関係を示している。慣習に従えば、父の土地を相続できるのは男子だけであり、女子は婚出して他家の嫁となる。そのため、Aという房では実子の男子が房を継承できるが、Bという房には継承権を持つ実子がいない。B房は絶えてしまう運命である。それで、父の跡を継ぐ男兄弟を持たない女子は、自分の生まれた房を絶やす存在という意味で、〈絶房女〉と呼ばれるのである。男子の後継者がいない房の不動産は、同じ家の他の男性が相続する。図2で言えば、B房の娘たちにとって父方の伯叔父や従兄弟に当たる者が、B房の不動産を相続することとなる。娘たちは、相続権を持つ親族の男子に住み慣れた土地・家屋を譲り渡さなければならない。

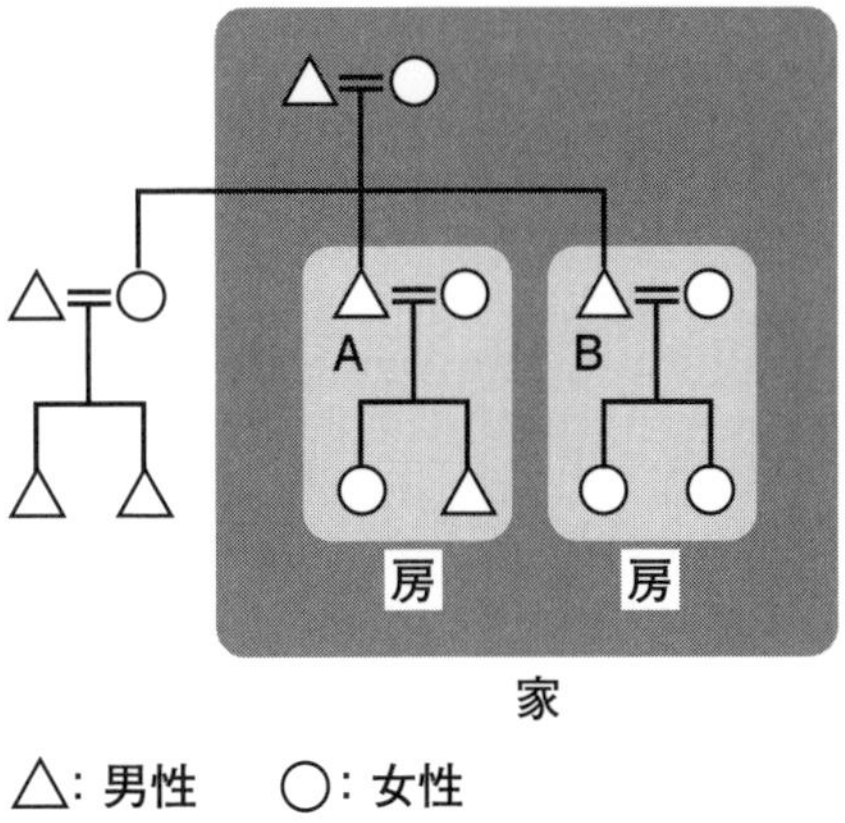

図2　家と房

　本来の慣習では、財産を相続した伯叔父や従兄弟は、残された娘たちの面倒を見、きちんと婚出させてやる義務を負っていた。しかし、義務を果たさない男たちも多かったから、

〈絶房女〉たちの中には、土地・家屋を取り上げられたうえに、何の補償もなく追い出されるといった苦渋を味わう者もいた。特に、新界の都市化が進み、地価や地代が高騰するにつれて、そのような被害は増えていった。〈絶房女〉は、差別と搾取の対象となることが多かったのだ。

房を絶やす女として差別され、搾取されるのはおかしい。自分たちも、宗族の正当な一員として尊重してもらいたい。そのためには、父親の土地・家屋を相続する権利を政府に認めてほしい。これが、〈絶房女〉たちの訴えであった。彼女たちは、抽象的な人権思想をもとに平等継承権を主張したのでは決してない。そうではなくて、家族への愛着、父親への思いなどから、伝統的な宗族の枠組の中で自分たちの地位を向上させたいと願ったのである。

しかしながら、〈絶房女〉たちが平等継承権を求めて立ち上がると、香港の女性団体や人権団体は、男女平等や基本的人権をスローガンに、〈原居民〉女性を支持する運動を展開したのだった。マスコミもまた、西洋対中国、近代対伝統、都市対農村、女性対男性といった単純化した対立図式で報道を繰り広げた。そのため、人権を掲げた女たちが伝統に挑戦するというイメージが生まれた。

人権を根拠とした平等継承権獲得運動に対して、新界の有力宗族を代表する郷議局は、伝統を掲げて猛烈な反対運動を組織した。一九九四年三月、香港政庁が平等継承権の承認に傾くと、郷議局は、〈保家衛族抗争総部〉を設立、その下に参謀部・支援部・作戦部を置いて、大規模な抗議行動を開始した。〈保家衛族〉とは、家族を保持し、宗族を防衛しようというスローガンである。郷議局は、また土地相続権を女性にも認めることは〈滅族滅村〉だと強調した。男女平等は、宗族を滅ぼし、宗族に支えられた村をも滅ぼすというわけだ。男女有別は儒教の伝統であり、独自の文化なのであって、新界の村落社会を基礎づける大切な価値であるというのが、反対派の主張である。郷議局を中心とした勢力は、良き伝統の擁護者という形で、自分たちの正当性を訴えたのだった。

結局、一九九四年六月二二日、立法評議会は、新界の〈原居民〉女性にも平等な土地相続権を認める条例の修正案を可決した。しかし、それは過去に遡って相続権を認めたわけではなかったので、運動の中心にいた〈絶房女〉たちの救済にはつながらなかった。また、遺言によって男子だけに遺産相続させるという抜け道が残されたから、将来の権利保障にも疑問がある。論争は一応の終結を見たが、問題が完全に解決されたわけではなかった。

最近の研究によると、女性の平等継承権を承認した条例は、新界の農村社会のジェンダー関係に直接大きな影響を与えることはなかったが、それでも法律のうえで男女平等が認められているという意義は大きいとのことである。(7)

二　現代日本の夫婦別姓論争

一九八〇年代半ば頃から、女性の社会進出にともなって、結婚改姓を不便に感じ、結婚後も職場では旧姓を使い続ける「通称使用」を選ぶ女性が増えてきた。しかし、通称使用を認めない職場も多く、認められた場合でも、通称としての旧姓と戸籍姓との二重使用は煩雑であった。そのため、徐々に戸籍上も夫婦別姓を認めるような法改正を求める動きが出始め、日本各地に草の根運動として広まっていった。(8) 仙台の別姓を考える会が誕生したのも、一九九一年であった。

このような動きを受けて、法務省の法制審議会は、一九九一年、夫婦別姓問題の検討を開始し、中間報告の公表や一般からの意見聴取などを経て、一九九六年二月、夫婦別姓選択制の導入を含む民法改正要綱案を答申した。それが大きな論議を呼んだことは、既に指摘した通りである。しかし、夫婦別姓選択制は、一九八〇年代以降に新しく噴出した問題ではない。ここで、その歴史的背景を振り返っておきたい。

(1) 歴史社会的背景(9)

夫婦同姓は日本の伝統のように思われているが、実際には、明治時代に成立した新しい慣習である。そもそも、全国民が姓(苗字)を公式に持つようになったのは、一八七〇年(明治三年)の太政官布告によって、平民にも苗字が「差許《さしゆる》され」て以降のことだ。翌七一年(明治四年)には、戸籍法が制定され、戸籍簿による国民の掌握が始まった。戸籍管理の徹底と円滑化のために、明治政府は、一八七五年(明治八年)に「必ず苗字を称《とな》える」ことを国民に命じる太政官布告を出し、さらに苗字・名前・屋号の改称を禁止して、人々の姓を固定化する。そして、長期にわたる論争の末、一八九八年(明治三一年)に制定された明治民法によって、「戸主及び家族は其家の氏を称す」(七四六条)、「妻は婚姻に因りて夫の家に入る」(七八八条一項)と定められ、民法上の「家」の呼称としての氏《うじ》(=姓、苗字)と、夫婦同氏(同姓)の制度が成立した。そして、法律婚をする限り、妻となる女性は結婚改姓を強いられることとなった。

このように、結婚改姓による夫婦同姓が制度化したのは、明治も後半になってからのことである。それ以前は、日本でも、姓は出自を表す記号であって、女性は結婚後も「所生の氏《しょしょうのうじ》」つまり父親の姓を名乗っていた。源頼朝の妻となった北条正子は、終生「北条」を名乗っていた。明治になっても、一八七六年（明治九年）の段階では、太政官は「婦女は結婚してもなお所生の氏を用うべき事」と指示していた。その後、明治民法制定までには、さまざまな意見が出されている。

たとえば、一八八五年（明治一八年）に発表された『日本婦人論』の中で、福澤諭吉は、男女の平等性という観点から、結婚に際しては、それぞれの姓から一字ずつ取った新しい姓を創り、それを夫婦の姓とすべきだと主張した。山田さんと鈴木さんが結婚するならば、山木か鈴田という姓を創り、これを夫婦共通の姓とするわけだ。これは、系譜関係の指標としての「所生の氏」を否定し、夫婦関係の指標としての新しい姓の創出を唱えたわけで、「氏素性」を重視した旧来の身分制への挑戦であった。

また、一八九〇年（明治二三年）には、『女学雑誌』誌上において、清水豊子（古在紫琴《こざいしきん》）は、夫婦とは、婦人が男子に帰属するものではなく、一人前の男女が対等に助け合う目的で会社を造るようなものなのだから、どちらが主人ということもないのであって、夫は夫の姓を、妻は妻の姓を名乗るのは「当然の事」だと主張している。特に、「夫の付属物のように思われないため」には妻は里方の姓を用いるほうがよいと述べている。これは、出自を示すための伝統的な夫婦別姓ではなく、対等性・平等性を示すための新しい夫婦別姓の主張であり、現代の夫婦別姓賛成論と変わらない。極めて斬新な夫婦別姓論が明治の女性によって唱えられていたという歴史的事実は、記憶に留めておいてよい。

しかしながら、既に述べたように、明治民法は、家全体の称号としての氏（姓）と、婚入する女性の改姓とを定め、以後一〇〇年にわたって、夫婦同姓の慣習が日本全体に定着することとなったのである。そして、第二次世界大戦後に日本国憲法が男女平等を明文化し、それに合わせて改正された新民法が婚姻時の姓の選択（夫または妻の氏の選択）を規定したにもかかわらず、「入籍」して夫の姓を名乗るという慣習はすたれず、大多数の女性が結婚改姓を選ぶという状態が続いている。

明治民法が創り出した家制度は、図3が示すような「入れ物」としての「籍」である。人は、出生、婚入、他家からの養子縁組によって籍としての家に入る。それで「入籍」と呼ばれる。出るのは、死亡、婚出、あるいは他家への養子縁組の場合である。家を出た者には、戸籍上×印が付けられるが、かつて家に所属していた者として、×印付きのまま戸籍には残る。第二次世界大戦までは、一つの戸籍に複数世代を含むことができたから、太い罫線でくくられた戸籍簿の枠組が、そのまま家の枠組であった[10]。そして、このような「入れ物」としての家の称号として、すなわち家名として、苗字は機能するようになったのである。

戦後の民法改正を経ても、このような「入れ物」としての家意識は、少しも衰えていないように見える。その証拠に、「嫁に出す」とか「嫁に行く」という表現は日常的に使われているし、「入籍」は正式な結婚と同義に用いられている。女性の結婚改姓による夫婦同姓は、日本の「国民文化」として定着したわけである。

ただし、現代日本では、「入れ物」としての家の範囲は戦前のような大家族や同族ではなくなり、核家

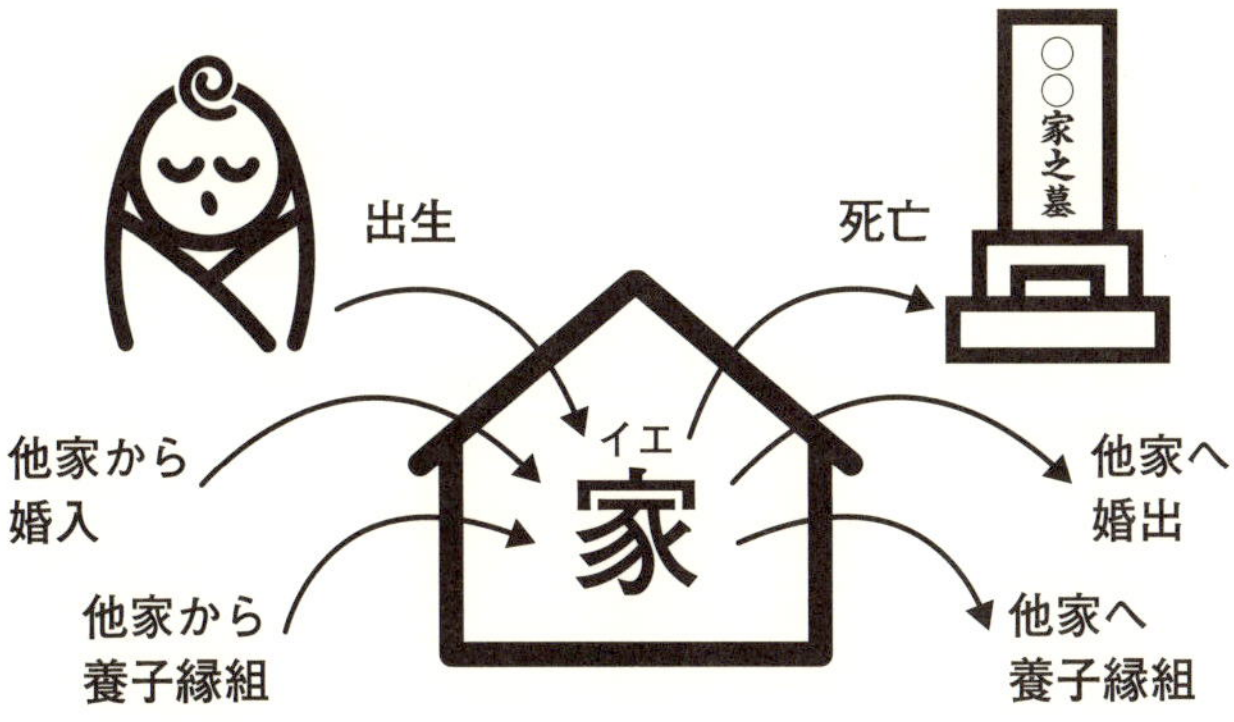

図3　日本の「家」

族か、せいぜい核家族＋父方あるいは母方の祖父母からなる小さな三世代家族くらいに縮小しているようである。

　それにともない、家意識も縮小している。私は、この縮小版の家意識を「やわらかな家意識」と呼んでいる。それは、日本的な家族役割意識と言い換えてもいいだろう。一応結婚は当人同士の問題だと考え、同居も求めず、家長とか長男とか跡取りといった「古い家制度」は否定するような「進歩的」な人々でも、「父」「母」「息子」「嫁」といった役割によって家族が構成されると考えがちなのだ。そして、この家族は、「嫁」の出産によって、「祖父」「祖母」「父」「母」「子＝孫」という形を取り、初めて完全な家族となるのである。その代表が、サザエさん一家だろう[11]。アニメ版サザエさんの放映が昭和から平成、令和と続いていることが、「やわらかな家意識」の継続を見事に示しているのではなかろうか。

　そして、「やわらかな家意識」の典型的な表現に「家族の一体感」という言葉がある。「同姓」支持者が「別姓」反対の理由として真っ先に挙げるのが、この「一体感」というものだが、「夫婦の一体感」ではなく、「家族の一体感」として語られることが多い。

「夫婦別姓」の結果、一方の親と子どもとが「別姓」になることによって、「親子の一体感」、特に「母子の一体感」が崩れることを恐れる声が非常に強い。古めかしい家ではないかもしれないし、ニューファミリーかもしれないが、「一体感」でまとまった家族の指標として「姓」は今でも機能しているのである。

(2) 夫婦別姓論争の展開

現代日本における夫婦別姓の選択が、このような家制度に対する挑戦として始まったことは否定できない。ある一組の母娘の会話に、その様子を見ることができる。(12)

戸籍制度・家制度への異議申立てとして夫婦別姓・事実婚を選ぶと決意した娘は、母親に対して「二人で生活するのに、平等、対等という意識を持ち続けようと思うたら、別姓にしとかんと、どうしても旦那様と嫁さんとか、主人と奥さんという世間一般の役割意識で見られてしまうからね」と言って説明する。婚姻届も出さないという娘に対し、母親は「そんな結婚が通ると思うん？　おじいちゃんや親戚の人にはなんて報告するんよ。ご近所の人にはどう説明するんよ」と迫るが、娘の回答は「『日本国憲法』の精神が現実に生かされるようにレジスタンスしてるんですって」と明快である。

納得できない母親は、「でも慣習は大切にしたいよね。日本の文化でしょうが」と娘の翻意を促すのだが、娘の主張は変わらない。

今の憲法の精神にそぐわないものまで、何で大切にするの。慣習は大切にしたいと言うけれど、それを因襲、迷信、古い習俗と言い換えてみたらどう？　大切にする？（中略）〝女性差別撤廃条約〟って聞いたことあるはずやわ。女性に対する差別となるものは、慣習も含めて改めていかんとあかんという国際条約(13)ができる世の中なんよ。

憲法や国際条約を盾に取って夫婦別姓と事実婚の選択とを正当化しようとする娘に対し、母親は頭の中では理解しながらも、感情的にはなかなか受け入れられない。

婚姻届を出さない、人様に顔向けのできないような結婚――依然として、私の中の別姓結婚のイメージはこれでしかなかった。（中略）いくら正しくてもそれが少数派意見である限り、常識的な考え方とは言わないのではないか。私は、普通に、常識的に、平和に暮らしたい。

この会話の中に、夫婦別姓をめぐる争点のほとんどすべてが現れている。娘が主張するのは、男女平等と個人の自由だ。しかも、それは憲法や国際条約が保障する基本的人権だと捉える。そして、もしも慣習や既存の法律が女性を差別し、個人の自由を侵害しているとしたら、慣習や法律こそ変えるべきだと考える。人権を根拠に、伝統の変革を求めるわけである。一方、母親は、慣習は大切にすべきだと主張する。それは、日本の文化であり、常識であり、普通のことだからである。そして、少数派である限り、多数派には認められず、したがって平和には暮らせないのではないかと考える。香港の平等継承権論争と同じ構図で、論争が起きているのである。

夫婦別姓支持派の主張は、次の三点に要約できる。(14)

第一に、姓名は個人の人格を表す記号であって、いわば個人のアイデンティティの一部である。それゆえ、個人は、自分の姓名を保持する権利を有する。それは、憲法が保障する人格権であり、結婚改姓の強要は、その侵害に当たる。

第二に、圧倒的に多数の女性が結婚改姓している現状は、女性が「嫁」として夫の家に組み込まれるという伝統的な夫婦関係が継続していることを示している。しかし、従来の固定的な夫婦役割分業に疑問を持ち、「嫁」という地位に満足できない女性が出てきたのであって、そのような女性たちが、自立の象徴として夫婦別姓を求めているのである。

したがって第三に、夫婦別姓は、新しい「ライフスタイル」であって、自由に選ぶことが認められていいはずだ。一九九五年の法制審議会の答申も、夫婦別姓選択制の導入を図るもので、夫婦同姓を廃止し、夫婦別姓を強制するものではない。同姓も別姓も、それぞれ選択肢として認めようというのだから、夫婦同姓の表す価値観を否定するものではない。そうではなくて、他の価値観に基づく夫婦別姓も、一つのライフスタイルとして選択できるように、法律的にも承認しようというのである。

これに対して、反対派は、次のように反論する。(15)

第一に、姓は、家名であって、個人名ではない。姓が表すのは家族全体の集団的なアイデンティティであって、個人のアイデンティティではない。したがって、姓は人格権の一部などと言うのはおかしい。姓は、受け継ぐものであり、選ぶものではない。生家を離れ、婚家に加わったことを内外に示すために、結婚改姓は行われるのだ。

第二に、夫婦同姓は、夫婦が一体であることを示すだけでなく、夫婦ひいては家族の一体感を高める。一体感があればこそ、家族の連帯や協調が生まれ、家族は安定する。夫婦別姓は、夫婦・親子の一体感を損ない、家族の崩壊をもたらすだけだ。そうなれば社会の安定もおぼつかない。

そして、第三に、夫婦同姓は、広く社会に受け入れられ、受け継がれている。それは、美風・美俗でこそあれ、因襲でも悪弊でもない。夫婦同姓は、日本の家族を支える基盤であり、国民全体の文化であって、守り続けなければならない大切な伝統である。ライフスタイルの選択などというのは、行き過ぎた個人主義であって、社会を乱すだけであるから、容認することはできない。

姓は個人名か家名か、妻の自立か夫婦の一体感か、選択の自由か伝統の維持か、これが一九九〇年代の夫婦別姓選択制論争の主要な争点だった。特に熱く論じられたのは、夫婦・家族の一体感の問題だった。姓の違う夫婦に一体感が持てるのかと反対派は批判した。しかし、香港について見たように、伝統的な漢民族の家族では、妻は異姓であるが、〈夫妻一体〉が強調された。孟母《もうぼ》三遷《さんせん》の例が示すように、姓の違う母子の一体感も強い。姓の違いは一体感の醸成を妨げないのである。また、現代日本の別姓カップルたちは、おそろいのトレーナーを着たり、共通の趣味を持ったりと、姓以外のつながりの中に一体感を見出している。

伝統を守りたいからこそ夫婦別姓を求めるという人々もいる。たとえば、娘しかいない親が、娘に家名を継がせたいと思う場合である。従来の慣習に従えば、婿養子を取るしかないが、少子化で次三男が減り、婿養子のなり手がいない。相手も長男となれば、婿養子には取れない。だから、夫婦別姓にして、娘にも、娘の婿にも、それぞれの家名を継いでほしいという要求が生まれる。一人っ子同士の結婚で、どちらもそれぞれの家の墓を守らなければならないといった場合もある。いわば、日本の「家」の伝統を守る手段としての夫婦別姓である。[16]

したがって、夫婦別姓を求める理由もさまざまであり、論争の構造は見た目ほど単純ではない。この点も、香港の平等継承権論争と同様である。土地相続権を求める〈絶房女〉たちは、伝統的な宗族を否定し、近代的な女性の人権を主張したのではなかった。そうではなくて、伝統的な宗族の価値を認めるからこそ、宗族の中での地位向上を願ったのであり、そのための土地相続権なのであった。その動機は、家名を存続させるために夫婦別姓を求める日本の一人娘に通じるものがある。

夫婦別姓論争は未だに決着していない。民法改正は見送られたままである。しかし、夫婦別姓選択制を求める動きは続いており、訴訟も行われている。論争は継続中と言える。

三　欧米における夫婦別姓

(1)　歴史と現状[17]

欧米で結婚した女性が「未婚の姓」（生家の姓）ではなく夫の姓を名乗るのが普通となったのは、一八世紀以降のことらしい。実は、これは上流階級の慣行だったのだが、産業化にともなう中産階級の発展とともに、中産階級にも波及したようである。近代国民国家が成立する中で、各国で民法の整備が進むが、日本の明治政府もモデルにしたフランス民法典には夫婦の姓に関する規定はなく、イタリアおよびドイツの民法典には妻が夫の姓を名乗るべきだという規定があった。また、イギリスでは、コモン・ロー上の権利としての氏名権が確立しており、一九世紀の訴訟でも妻が結婚以前の姓を使い続けることを認める判決が出ている。イギリス法の流れを引く米国では、しかしコモン・ローの解釈が異なり、夫の優越と妻の従属を強調し、妻の法的主体性を認めず、結婚後の姓についても、妻は夫の姓を名乗って当然とされていた。

一九世紀米国の女性は、夫に従属するものとされ、結婚後は自立性を喪失し、財産の所有権・処分権も持たなかったから、明治民法によって同じように法的主体性を奪われた日本の既婚女性と似たような境遇に置かれていたと言ってよいだろう。

そのような状況下、結婚後に夫の姓を名乗ることを拒否する女性が現れた。奴隷解放運動と女性参政権獲得運動の中心的な担い手の一人であったルーシー・ストーンである。一八五五年、奴隷解放運動の同志ヘンリー・ブラックウェルと結婚したが、その際、「妻を独立した理性的な存在と認めず、有害で不自然なまでの優越性を夫に与える」結婚制度の不当性に抗議する声明文を夫婦共同で発表している。ルーシー・ストーンは、結婚当初こそストーンをミドルネームに、ブラックウェルという夫の姓を用いていたが、翌一八五六年からは夫の姓を用いることを止め、ルーシー・ストーンで通すようになった。これが、米国の夫婦別姓の始まりである。

その後も、少数ではあるが、夫婦別姓を選ぶ女性は常に存在した。一九二〇年代には、夫婦別姓を推進しようというルーシー・ストーン連盟がニューヨークに組織され、多くの著名な女性が参加した。結婚後も夫の姓を名乗らない女性は「ルーシー・ストーナー」（つまりルーシー・ストーンする人）と呼ばれた。この単語は、英和辞書にも収録され、「既婚女性の改姓反対者」などと説明されている。[18]

一九三〇年代の大恐慌から、第二次世界大戦を経て、一九六〇年にかけては、さまざまな要因の影響でフェミニズムは下火となり、夫婦別姓運動も低調だった。しかし、一九六〇年代後半から七〇年代にかけて、再びフェミニズム運動が高揚すると、結婚改姓を拒否する女性が増えてくる。そして、一九七〇年代には、結婚前の姓を、結婚後も法律上の姓として使うことを認める判決が各州で出され、夫婦別姓は比較的容易に選べるようになった。特に事実婚を選択するカップルが増えた西欧では、結婚改姓が問題にならなくなった。

しかし、本書の序で触れたように、私自身の体験では、一九八〇年代の米国でも夫婦別姓は奇異の目で見られていた。それが、二〇〇〇年から二〇〇一年にかけてマサチューセッツ州ケンブリッジ市で暮らした際には、ずいぶん別姓カップルも増え、すっかり普通のことになったという印象を受けた。

(2) 日本との比較

まず注意しておきたいのは、ルーシー・ストーン個人あるいはルーシー・ストーン連盟の運動が日本の夫婦別姓運動に影響を与えた形跡はまったくないということである。日本の夫婦別姓運動は、明治以来、独自に展開してきた内発的な運動だと言っても過言ではない。

次に、日本と比較して興味深い点は、私の知る限り、米国では夫婦別姓は大きな論争にはなっていないということである。米国でも、社会的な偏見や法律的な差別はあったし、裁判所が別姓を認めるまでには長い年月を要したのは確かである。しかし、議会やマスコミで大論争になった形跡はない。その理由は、氏名を選ぶ権利は個人の権利であるというイギリス由来のコモン・ローの伝統があったことと、個人の自由という思想が建国以来の理念として保守派にも共有されていたことが大きいのではないかと、私は考えている。保守的な自由主義の観点から見れば、法律によって氏名を規制することは公権力の不当なプライバシーの侵害となる。個人の自由という「伝統」が、夫婦別姓の根拠になったというわけである。

四　問題の構造

香港の平等継承権論争と日本の夫婦別姓論争から見えてくるのは、〈支配的な文化〉が〈家族内の人権問題〉を引き起こすという構造である。

第一に、香港の平等継承権論争と日本の夫婦別姓論争に共通するのは、男性優位の家族制度を「伝統」として正当化しようとする勢力と、それに疑問を抱いて挑戦する女性の権利を「人権」として正当化しようとする勢力とが、激しく対立する構図である。しかし、そこで本当に問われているのは、「伝統」に潜む男性ジェンダーではないだろうか。土地は男だけが継げるという漢民族の「伝統」には、土地＝男性ジェンダーという考え方が潜んでいるし、女性が結婚改姓して夫の姓を名乗るという日本の「伝統」には、姓＝男性ジェンダーという考え方が潜んでいる。そうすると、平等相続権を求める香港の女性、夫婦別姓を求める日本の女性の運動は、土地や姓を男性ジェンダーから切り離し、土地や姓と男女の関係の平等化を目指しているのだということがわかる。そして、香港でも日本でも、変革要求の根拠は人権であった。ここでは、伝統的家族制度という〈支配的な文化〉が、それを疑問に感じ、変革を求める女性たちの〈人権問題〉を引き起こしているのである。

第二に、香港の平等継承権論争と日本の夫婦別姓論争とに共通するのは、国家が〈支配的な文化〉を法で支え、それが〈家族内の人権問題〉を引き起こしているという点である。イギリス支配下の香港政庁は、慣習法の尊重という建前から、男子のみに土地相続権を認める法令を施行した。日本の明治政府は、妻の婚入と結婚改姓を含む家制度を民法で定めた。戦後の日本政府も、夫婦同姓の婚姻制度を維持した。国家が、多数派の〈支配的な文化〉を「国民文化」として肯定し、少数派である個人の人権を脅かすという状況が生じたわけである。いずれの場合も、国家が「伝統」を創造し、維持し、正当化する力を持っていることが如実に示されている。もちろん、国家には「伝統」を変革する力もある。それゆえ、〈家族内の人権問題〉は、どこでも政治問題として現れるのである。

詳しく触れる余裕はないが、インドの「ダウリー」問題では伝統的な嫁入り道具と持参金のあり方が論争を呼んでいるし、沖縄では〈トートーメー〉と呼ばれる位牌の継承権を男子のみとする伝統の是非が、女性たちによって問われている。伝統的な家族や結婚のあり方が人権侵害を引き起こしているのではないかと論争を呼んでいる問題は、世界各地に見られるのである。

おわりに

最後に、〈支配的な文化〉が引き起こす〈家族内の人権問題〉の今後を展望しておきたい。明らかなのは、家族の多様化と結婚の多様化は一層進展するだろうということだ。その結果、〈支配的な文化〉は、その支配力を失い、数ある選択肢の一つに過ぎなくなるだろう。民族文化とか国民文化という概念は、もはや成立しない時代を迎えているのだ。それは、さまざまな個人が、それぞれの価値観に基づいて、異なる結婚形態を選択し、多様な家族を形成する時代である。「伝統」に縛られることなく、しかし伝統を壊すことなく、伝統を相対化し、いくつもの新しい伝統を生み出していく時代と言ってもいいだろう。

そこでポイントとなるのは、一人ひとりの「生き方の選択権」の尊重である。さまざまな個人の生き方を均しく尊重する文化の創造が求められている。それは、唯一の規範を押しつける文化ではなく、多くの選択肢を提供する、懐の深い文化となろう。複数の「伝統」を承認し、「伝統」と「人権」とが対立することのない社会を構築することは、二一世紀の大きな課題である。

第二章　司法の場での夫婦別姓論争

はじめに

ここでは、二〇一一年に始まった夫婦別姓訴訟における原告側主張と、二〇一五年に下された最高裁判所大法廷の判決内容を詳しく分析し、最高裁判所大法廷の多数意見に見られる問題点を批判的に検討する。

この訴訟は、事実婚をしていたり、法律婚をしているが通称として旧姓を使用している男女五名が原告となって、「夫婦同氏（夫婦同姓）」を定めた民法七五〇条は日本国憲法と女性差別撤廃条約に違反しているとして、そのような法律を改正せずに放置してきた国に対して損害賠償を求めて起こしたものである。一審、二審とも原告側が敗訴し、最高裁に上告した。最高裁が上告を棄却することなく、しかも大法廷での審理を決定したので、もしかしたら原告側の訴えを認める画期的な判決が下されるのではないかと期待された。

しかし、最高裁大法廷は、民法七五〇条の規定は憲法に違反せず、したがって国に損害賠償責任はないと判断した。女性差別撤廃条約に違反するかどうかについては、原告側の訴え方に問題があると言って、まったく取り上げようとしなかった。判決文の全文は、最高裁の判例情報サイトに掲載されている。(1)

裁判長を含めて一四名の裁判官が国に損害賠償責任はないと上告棄却の判断を下したが、そのうち一〇名が民法七五〇条は合憲だと判断し、四名が同条は憲法二四条に違反すると判断した。この一〇名の判断が「多数意見」、四名の判断が「少数意見」と呼ばれる。少数意見を述べた四名の裁判官は、国に損害賠償責任があるとまでは言えないが、民法七五〇条は今では憲法違反だと考えたわけだ。これに対し、一名は、民法七五〇条は憲法二四条に違反し、国には「立法不作為」すなわち憲法違反の法律を改めずに放置してきた責任があるので、損害賠償すべきだと判断し、高裁の判決を破棄して、損害額の算定のために本件訴訟を高裁に差し戻すべきだと述べた。これが「反対意見」と呼ばれる。

マスコミ報道の多くが「夫婦同氏(夫婦同姓)は一〇対五で合憲」と報じたが、それは多数意見を支持した裁判官が一〇名で、少数意見と反対意見を述べた裁判官を足すと五名だったという意味である。

民法七五〇条を合憲と判断した多数意見には、大きな問題点が二つある。

第一点は、原告側の主張に正面から答えていないということだ。原告側は、民法七五〇条は憲法一三条(個人の尊重、生命、自由及び幸福追求に対する国民の権利)、一四条1項(法の下の平等)、二四条(家族生活における個人の尊厳と両性の本質的平等)に違反すると主張していた。それなのに、民法七五〇条は憲法一三条及び一四条に違反するという原告側の訴えに対する応答が極めて不誠実である。女性差別撤廃条約にまったくといっていいほど触れず、原告側の訴えを無視していることも問題だ。原告側が何を訴えたのかを振り返りながら、特に憲法一三条及び一四条に関する最高裁の判断を批判的に検討したいと思う。

第二点は、民法七五〇条が憲法二四条に違反しないと判断した多数意見の根底にある思想が、あまりにも時代錯誤的で男性中心主義的だということである。これは、多数意見に与《くみ》した一〇名の裁判官が全員男性であったことと無関係ではあるまい。しかしながら、これら男性裁判官の「本音」と見られる意見が判決の中で赤裸々に語られた結果、夫婦別姓をめぐる問題の根底が明らかになったとも言えるのであり、そこに今回の判決の意義を認めることもできそうだ。

少数意見と反対意見も、もっぱら憲法二四条違反を論じており、憲法一三条及び一四条について突っ込んだ議論を行っていない。これは、個人の尊重と法の下の平等が軽視されているということで、極めて深刻な問題だと思う。

さらに、原告側が主張した女性差別撤廃条約違反の問題については、まったくと言っていいほど論じられていない。国際的な人権条約が軽視されている。

一　原告側（上告人ら）の主張

最初に、上告理由書に基づいて、原告側（上告人ら）の主張を確認しておこう。上告理由書をはじめ、準備書面や意見書など原告弁護団が裁判所に提出したすべての書面は、「別姓訴訟を支える会」のサイト

に掲載されている。(2)

原告側は、日本国憲法が保障する権利として、「氏《うじ》の変更を強制されない自由」、「個人の尊厳」と「個人としての尊重」、「婚姻の自由」、「法の下の平等」の四つがあると言う。加えて、女性差別撤廃条約一六条（b）、（g）が国際人権法上、日本国民に保障するものとして「婚姻及び婚姻に際し姓を選択する男女同一の権利」があると言う。これらの権利を民法七五〇条は侵害しているというのが原告側の主張である。

(1)「氏の変更を強制されない自由」

まず、原告側は、次のように主張する。

> 人格権の一内容を構成する氏名に関する権利は、人格権が憲法一三条に由来し、また、氏名それ自体が人の人格的生存に必要不可欠なものであることに鑑みると、人の人格的生存に不可欠な権利として、憲法一三条により保障される。そして、氏は、氏名の構成要素であるだけなく、それ自体で、個人の同一性を示すものとして人格と密着しているから、氏それ自体が、人が個人として尊重される基礎であり、その個人の人格の象徴として、人格権の一内容を構成する。（上告理由書、二〇頁）

憲法一三条は、「すべての国民は、個人として尊重される。生命、自由及び幸福追求に対する国民の権利については、公共の福祉に反しない限り、立法その他の国政の上で、最大の尊重を必要とする」と定めている。人は誰でも、のびのびと、自分らしく、自由に、自分にとって一番の幸せを求めて生きる権利を持っているのであり、よほど多くの人の迷惑にならない限り、それを国は法律で縛ったりして、じゃましてはならない。これが、憲法一三条の主旨だ。

のびのびと、自分らしく、自由に、自分にとって一番の幸せを求めて生きる権利のことを、難しく言うと「人格権」あるいは「人格的生存権」となる。名前は、自分らしさを示すものとして最も大切なものの一つだ。としたら、自分の名前を自分を表すものとして尊重してもらう権利もあるはずだ。これを「氏名権」と呼ぶ。氏名権は、憲法一三条が保障する人格権の一部として、これまで最高裁も認めてきている。

氏名とは、氏と名の組み合わせだ。しかし、氏だけでも、その人のアイデンティティを表すものなのだから、氏を尊重してもらう権利も人格権の重要な一部として認められるべきだ。そこで、原告側は、次のように述べる。

氏が意思に反して奪われないことが、人格権の一内容たる氏名権の中核的な権利・自由として憲法一三条により保障されることは、疑いの余地がない。（上告理由書、二一頁）

つまり、人は誰でも「氏の変更を強制されない自由」を権利として持っている。そのことは、憲法一三条によって保障されているというわけである。ところが、民法七五〇条は、この「氏の変更を強制されない自由」を侵害している。

婿入りするなら、妻の氏を選ぶ。嫁入りするなら夫の氏を選ぶ。結婚する夫婦のすべてがそうしていて、誰も困っていないし、誰も不幸になっていない。それなら「氏の変更を強制されない自由」が侵害されることはない。

しかし、婿入りでも嫁入りでもなく、どちらも氏を変えたくない夫婦は、法律婚をしようと思えば、どちらかが意に反して氏を変えなければならない。それでは、むりやり変えさせられているのと同じことではないか。しかも、法律上も夫婦と認めてもらいたいというのは、決して国に特別扱いしてほしいというのではなく、ただ自分らしく幸せに生きたいというあたりまえの要求だ。それは、憲法一三条が認める幸福追求の権利を行使したいというだけのことなのだから、許されて当然であり、国がじゃましていいことではない。

それなのに、民法七五〇条はじゃまをしている。それで困っていたり、不幸になっていたりする夫婦が実際にいるのだ。自分たちがまさにそうだ。これが、原告側の訴えだ。

このように、民法七五〇条は、原告たちの「氏の変更を強制されない自由」を侵害しているのだから、憲法一三条に違反していると原告側は主張するのである。

ここで大事なのは、民法七五〇条が幸せな結婚のじゃまをしていると考える人が多いか少ないかは問題ではないということだ。原告側は次のように念を押す。

個人の人格的生存に不可欠であるか否かは、国民の多数がそのように考えているかという点から決せられるべきではなく、当該個人にとってその権利・自由が人格的生存に不可欠なものであるかという観点から判断されなければならない。そうでなければ、社会的少数者の権利・自由が「新しい人権」として憲法上保障されることはおよそありえないことになってしまう。

（上告理由書、二三頁）

⑵「個人の尊厳」と「個人としての尊重」

次に、原告側は、このように主張する。

憲法二四条2項は、「婚姻及び家族に関するその他の事項に関しては、法律は、個人の尊厳と両性の本質的平等に立脚して、制定されなければならない」として、婚姻について個人の尊厳に立脚した制度構築を求める。

（上告理由書、三五頁）

つまり、憲法二四条2項は、「個人の尊厳」を傷つけるような結婚制度を法律で定めてはならないと釘を刺しているというのだ。それは、「個人として尊重される」権利が「立法または国政のうえで、最大の尊重を必要とする」と憲法一三条が定めているからだ。

民法七五〇条は、結婚する際に夫婦が氏をどちらかのそれに統一するように定めた法律だ。結婚に関する法律なのだから、憲法二四条2項に従って「個人の尊厳」に立脚し、また憲法一三条が求める「個人としての尊重」に最大限応えるものでなければならない。ところが、民法七五〇条は、そうなっていない。

その結果、

上告人ら及び陳述書提出者ら（以下「上告人ら等《とう》」という）は、……氏を奪われることによる喪失感や辛さなど、多大な精神的苦痛を味わってきた。この精神的苦痛により、時には母乳が出なくなり、生理が止まるなどの身体に不調をきたすほどであった。

（上告理由書、四八頁）

法律婚をしたうえで旧姓の通称使用ができたとしても、実際上の不利益は少なくない。

日本においては戸籍姓が非常に重んじられており、通称では補いきれない範囲が多く存在することもまた事実である。実際、職場で旧姓使用が認められず、法的紛争となっている事案が現在も存する。上告人ら等《とう》が実際に通称と戸籍姓の不一致により具体的かつ深刻な不利益を被ってきたことは、上記上告人ら等による陳述内容から顕著に見て取れる。

（上告理由書、四九頁）

氏を変えたくないからと事実婚を選ぶと、やはり不利益を被る。

日本においては、実際上、家族として認められるためには、多くの場面で法律婚の要請がある。事実婚によって享受できない利益としては、上告人ら等が述べる通り、子の共同親権者、税法上の扶養者、保険の受取人、共同住宅ローンの設定、社宅の入居者制限、養子縁組により子を得ること、など様々な点が挙げられる。（上告理由書、四九頁）

ここでも、苦痛や不利益を被っている人が多いか少ないかを問題にしてはいけない。

憲法上の「個人の尊厳」及び「個人としての尊重」が侵害されているかの判断は、多数者の意識によってなされるものではない。（上告理由書、五一頁）

(3)「婚姻の自由」

第三に、原告側が主張する「婚姻の自由」とは次のようなものだ。

「何人《なんぴと》も、自己の意に反する配偶者との婚姻を強制されず、また婚姻の成立にあたっては、当事者本人以外の第三者の意思によって妨げられない」（樋口陽一ら『注解法律学全集 憲法Ⅱ』一三二頁）自由であって、換言すれば、法律婚をすることあるいはしないことについて国家による干渉を受けない自由である。（上告理由書、五三頁）

ところが、民法七五〇条が夫婦同氏を定めているために、夫婦ともに氏の変更を望まない場合、別氏のまま婚姻届を提出することはできないので、法律婚を選択できない。つまり、婚姻の自由が侵害されている。それゆえ、民法七五〇条は憲法二四条1項に違反する。

婚姻の自由の侵害は、幸福追求の権利を保障した憲法一三条にも違反する。なぜなら、

個人にとって、婚姻とは、生活の経済的安定、精神的安定、性愛の充足、子の安定的な養育を保障し、高齢者や障害者等の弱者を保護する場であり、個人の自己実現・幸福追求を実現する基盤として、非常に重要な意義・機能を有する。

（上告理由書、五三頁）

ところが、氏を変えたくないと思うと、法律婚が選べない。法律婚を選ぶと、夫婦のどちらかが自分の氏を捨てなければならない。民法七五〇条があるために、「婚姻の自由」と「氏の変更を強制されない自由」の両方を一緒に行使することができなくなっている。そんな不自由な制度を国が作ってはいけない。それが、原告側の主張なのだ。

(4) 「法の下の平等」

憲法一四条1項は、「すべて国民は、法の下に平等であって、人種、信条、性別、社会的身分又は門地により、政治的、経済的又は社会的関係において、差別されない」と定めている。この条文は今では実質的な平等を求めていると原告側は主張する。

……性中立的な文言であっても、一方の性（多くの場合、女性）に対して不利な効果又は目的を有する扱いや規定につき、女性差別撤廃条約、男女共同参画社会基本法、雇用機会均等法はこれを禁じ、あるいは判決により、間接差別禁止規定のない分野においてもすでに、憲法一四条1項に違背するものと解釈されるに至っている。

特に、女性差別撤廃条約に関して、国は条約遵守義務（憲法九八条）を負うのであるから、憲法一四条の保障する平等につき、女性差別撤廃条約等の保障する平等概念に十分に配慮して解釈されなければならず、従前の狭い形式的平等に限定すべきではない。

（上告理由書、八二頁）

さらに、原告側は、次のように主張する。

憲法二四条は、……憲法一四条の禁ずる性別による差別の中から、特に「夫婦の平等」を抽出し、二度と夫婦間の平等を害する立法が行われてはいけないことを強く国に対して戒め、義務付けた条項である。文言としても、一四条の「法の下の平等」よりもさらに踏み込み、「夫婦の同等」「両性の本質的平等」として具体化し、単なる形式的平等の実現ではなく、真の平等の実現を国に義務付けた。

（上告理由書、八二頁）

ところが、民法七五〇条は、男女差別を助長している。

……民法七五〇条が「夫又は妻の氏からの二者択一を選ぶ」という定めであるために、経済格差を初めとする男女間格差が反映され、男女を集団として見た場合に、九六％以上の夫婦において夫の氏を選択するという明白な男女差別の効果を必然的に生じさせている。

同時に、個別の夫婦ごとに見た場合にも、婚姻に際し必ず夫婦の一方のみが生来の戸籍上の氏を失わざるを得ないという夫婦間格差を生じさせ、ほとんどの場合、妻が氏を失う不利益を強いられている。

（上告理由書、八三頁）

したがって、民法七五〇条は「法の下の平等」を実質的に侵害しており、憲法一四条1項と憲法二四条とに違反すると原告側は訴えるのである。

(5)「婚姻及び婚姻に際し姓を選択する男女同一の権利」

最後に、原告側は、日本国憲法が国民に付与する権利とは別に、女性差別撤廃条約が直接的に条約締結国の国民に付与する権利として「婚姻及び婚姻に際し姓を選択する男女同一の権利」が存在し、民法七五〇条は、この国際的に保障されている人権を侵害していると主張する。

上告人らは、第一審から一貫して、民法七五〇条が、……婚姻及び氏の選択についての権利に関し、女性が男女の平等を基礎として人権及び基本的自由を行使することを害する効果を有するという、女性差別撤廃条約一条が規定する女性に対する差別にあたり、よって、婚姻及び姓の選択について男女同一の権利を保障した同条約一六条1項（b）及び（g）に違反していることを主張してきたのである。

（上告理由書、八七頁）

女性差別撤廃条約一条は、「女性に対する差別」を「性に基づく区別、排除又は制限であって、政治的、経済的、社会的、文化的、市民的その他のいかなる分野においても、女子（婚姻をしているかいないかを問わない）が男女の平等を基礎として人権及び基本的自由を認識し、享有し又は行使することを害し又は無効にする効果又は目的を有するもの」と定義している。そして、女性差別撤廃条約一六条は、1項で「締約国は、婚姻及び家族関係に係るすべての事項について女子に対する差別を撤廃するためのすべての適当な措置をとるものとし、特に、男女の平等を基礎として次のことを確保する」と定め、「（b）自由に配偶者を選択し及び自由かつ完全な合意のみにより婚姻をする同一の権利」と、「（g）夫及び妻の同一の個人的権利（姓及び職業を選択する権利を含む）」を明記している。つまり、夫婦で違う姓を選んでもいいのだと、女性差別撤廃条約は認めているわけだ。日本も女性差別撤廃条約を批准しているのだから、原告たちも「婚姻に際し姓を選択する男女同一の権利」を個人として持っている。そこで、原告側は次のように主張する。

民法七五〇条は、……根強い慣習や社会における男女間格差の実態等と相まって、女性が氏の選択権を享有し又は行使することを害する「効果」を有する間接差別に当たり……、同条を改正しないことは「婚姻及び婚姻に際し姓を選択する男女同一の権利」を違法に侵害するものであることは明らかである。

（上告理由書、八八頁）

したがって、

夫または妻の姓のいずれか一方の使用を義務付ける同氏強制を廃止し、自己の姓か配偶者の姓のいずれを婚姻後の姓として使用するかという、婚姻に際しての姓の選択権を夫及び妻のそれぞれが行使することを可能にするための立法措置を執ることが必要不可欠であることは、明白である。

（上告理由書、八九頁）

二　判決の内容

それでは、最高裁大法廷は、以上のような原告側の主張をどう受け止め、どう答えたのだろうか。判決の中身を見ていこう。(3)

(1) 多数意見

寺田逸郎裁判長以下、一〇名の「男性裁判官」は、民法七五〇条は、憲法一三条、一四条、二四条のいずれにも違反しないと判断した。

・憲法一三条について

まず、多数意見は、国は氏の変更を強制していないと言う。

本件で問題となっているのは、婚姻という身分関係の変動を自らの意思で選択することに伴って夫婦の一方が氏を改めるという場面であって、自らの意思に関わりなく氏を改めることが強制されるというものではない。

（判決、三頁）

つまり、法律婚を選べば、夫婦の一方が氏を変更しなければいけないのは承知のうえで法律婚を選んでいるのだから、氏の変更も自分の意思で選んだことになる。だから、むりやり氏を変えさせているわけではない。そう言っているのである。法律婚も氏の変更も強制しているわけではないのだから、国は個人の自由を侵害してはいないというのだ。

さらに、多数意見は、氏は国が法律で定めた身分であって、個人の自由にならないのは当然だと言う。

> 氏は、個人の呼称としての意義があり、名とあいまって社会的に個人を他人から識別し特定する機能を有するものであることからすれば、自らの意思のみによって自由に定めたり、又は改めたりすることを認めることは本来の性質に沿わないものであり、一定の統一された基準に従って定められ、又は改められるとすることが不自然な取扱いとはいえないところ、上記のように、氏に、名とは切り離された存在として社会の構成要素である家族の呼称としての意義があることからすれば、氏が、親子関係など一定の身分関係を反映し、婚姻を含めた身分関係の変動に伴って改められることがあり得ることは、その性質上予定されているといえる。
>
> (判決、三頁)

だから、結婚に関する限り、氏は人格権の一部とは言えず、民法七五〇条は憲法一三条に違反しないというのが、多数意見の結論だ。

> 以上のような現行の法制度の下における氏の性質等に鑑みると、婚姻の際に「氏の変更を強制されない自由」が憲法上の権利として保障される人格権の一内容であるとはいえない。本件規定は、憲法一三条に違反するものではない。
>
> (判決、三—四頁。強調、原文)

• 憲法一四条について

原告側は憲法一四条が今では男女間の実質的な平等を求めていると主張したが、多数意見は憲法一四条が求めるのは形式的な平等でしかないと簡単に切り捨てている。

> ……本件規定は、夫婦が夫又は妻の氏を称するものとしており、夫婦がいずれの氏を称するかを夫婦となろうとする者の間の協議に委ねているのであって、その文言上性別に基づく法的な差別的取扱いを定めているわけではなく、本件規定の定める夫婦同氏制それ自体に男女間の形式的な不平等が存在するわけではない。我が国において、夫婦となろうとする者の間の個々の協議の結果として夫の氏を選択する夫婦が圧倒的多数を占めることが認められるとしても、それが、本件規定の在り方自体から生じた結果であるということはできない。
> したがって、本件規定は、憲法一四条1項に違反するものではない。（判決、五頁。強調、原文）

民法七五〇条は露骨に男女差別（たとえば「夫の氏を称するものとする」などと）しているのではないから、法の下の平等は保たれているというのである。

• 憲法二四条について

まず、多数派意見は、「両性の合意のみに基づいて成立し、夫婦が同等の権利を有することを基本」とするという憲法二四条1項の規定について、次のように述べる。

これは、婚姻をするかどうか、いつ誰と婚姻をするかについては、当事者間の自由かつ平等な意思決定に委ねられるべきであるという趣旨を明らかにしたものと解される。

（判決、六頁）

つまり、憲法二四条が保障する「婚姻の自由」とは、結婚するかどうか、誰と結婚するかの選択にのみ関するものだと狭く解釈し、どのような形の結婚をするかという選択を巧みに除外する。そして、このように狭く解釈することで、夫婦同氏という特定の形の結婚だけを認める民法七五〇条の規定は「婚姻の自由」とは無関係だと言う。

本件規定は、婚姻の効力の一つとして夫婦が夫又は妻の氏を称することを定めたものであり、婚姻をすることについての直接の制約を定めたものではない。仮に、婚姻及び家族に関する法制度の内容に意に沿わないところがあることを理由として婚姻をしないことを選択した者がいるとしても、これをもって、直ちに上記法制度を定めた法律が婚姻をすることについて憲法二四条1項の趣旨に沿わない制約を課したものと評価することはできない。

（判決、六頁）

民法七五〇条は、法律的に結婚すると、その「効果」つまり結果として、夫婦はどちらか一方の氏を称することになると決めているだけだ。それが気に入らないから法律婚を選ばないという人がいたとしても、そもそも民法七五〇条は結婚しろともするなとも命じていないのだから、その人たちの婚姻の自由を制約してはいない。多数意見は、そう言っているのだ。

しかしながら、多数意見も、憲法二四条2項は、国が法律で定める結婚の形が「個人の尊厳」と「両性の本質的平等」に立脚しなければならないと、一定の枠をはめていることは認める。

……憲法上直接保障された権利とまではいえない人格的利益をも尊重すべきこと、両性の実質的な平等が保たれるように図ること、婚姻制度の内容により婚姻をすることが事実上不当に制約されることのないように図ること等についても十分に配慮した法律の制定を求めるものであり、この点でも立法裁量に限定的な指針を与えるものといえる。（判決、七頁）

したがって、民法七五〇条が憲法二四条2項に違反しないかどうかの基準は次のようなものになると、多数意見は述べる。

……当該法制度の趣旨や同制度を採用することにより生ずる影響につき検討し、当該規定が個人の尊厳と両性の本質的平等の要請に照らして合理性を欠き、国会の立法裁量の範囲を超えるものとみざるを得ないような場合に当たるか否かという観点から判断すべきものとするのが相当である。（判決、八頁）

では、夫婦同氏を定めた民法七五〇条には、どのような「合理性」があるのか。

……氏は、家族の呼称としての意義があるところ、現行の民法の下においても、家族は社会の自然かつ基礎的な集団単位と捉えられ、その呼称を一つに定めることには合理性が認められる。

そして、夫婦が同一の氏を称することは、上記の家族という一つの集団を構成する一員であることを、対外的に公示し、識別する機能を有している。特に、婚姻の重要な効果として夫婦間の子が夫婦の共同親権に服する嫡出子となるということがあるところ、嫡出子であることを示すために子が両親双方と同氏である仕組みを確保することにも一定の意義があると考えられる。また、家族を構成する個人が、同一の氏を称することにより家族という一つの集団を構成する一員であることを実感することに意義を見いだす考え方も理解できるところである。さらに、夫婦同氏制の下においては、子の立場として、いずれの親とも等しく氏を同じくすることによる利益を享受しやすいといえる。

（判決、八―九頁）

ここでは、四つの「合理性」が主張されている。第一に、家族に同じ氏を名乗らせると集団として見分けやすい。第二に、子どもが両親と同じ氏を名乗ることで、嫡出子だとわかる。第三に、同じ氏を名乗ることで家族の一体感が持てる。そして第四に、子どもにとって両方の親と氏が同じであるほうが利益を受けやすい。

一番目は極めて単純だ。二番目は、一見よくわからないのだが、どうやら四つの中で一番重要であるらしい。そのことを、寺田逸郎裁判長の補足意見が明らかにしているので、後に改めて詳しく検討する。三番目は、しばしば夫婦別姓反対派が主張するものだ。そして四番目は、言い換えると、子どもをかわいそうな目に合わせないためというものだ。いずれにせよ、国は理不尽なことはしていないと、多数意見は言いたいわけだ。

しかしながら、多数意見は、民法七五〇条が少なからぬ女性に不利益をもたらしている事実をも認める。

……夫婦同氏制の下においては、婚姻に伴い、夫婦となろうとする者の一方は必ず氏を改めることになるところ、婚姻によって氏を改める者にとって、そのことによりいわゆるアイデンティティの喪失感を抱いたり、婚姻前の氏を使用する中で形成してきた個人の社会的な信用、評価、名誉感情等を維持することが困難になったりするなどの不利益を受ける場合があることは否定できない。そして、氏の選択に関し、夫の氏を選択する夫婦が圧倒的多数を占めている現状からすれば、妻となる女性が上記の不利益を受ける場合が多い状況が生じているものと推認できる。さらには、夫婦となろうとする者のいずれかがこれらの不利益を受けることを避けるために、あえて婚姻をしないという選択をする者が存在することもうかがわれる。

（判決、九頁）

不利益を受ける人もいれば、不利益を避けようと法律婚を選ばない人もいると、多数意見も認めているわけである。しかし、それは深刻な不利益ではないと、多数意見は言う。

……夫婦同氏制は、婚姻前の氏を通称として使用することまで許さないというものではなく、近時、婚姻前の氏を通称として使用することが社会的に広まっているところ、上記の不利益は、このような氏の通称使用が広まることにより一定程度は緩和され得るものである。

（判決、九―一〇頁）

民法七五〇条は、たしかに不利益を生じさせてはいるが、大した不利益ではないのだから、憲法上の問題はない。これが多数意見の結論だ。

……本件規定の採用した夫婦同氏制が、夫婦が別の氏を称することを認めないものであるとしても、上記のような状況の下で直ちに個人の尊厳と両性の本質的平等の要請に照らして合理性を欠く制度であるとは認めることはできない。したがって、本件規定は、憲法二四条に違反するものではない。

（判決、一〇頁。強調、原文）

- 女性差別撤廃条約について

多数意見は、女性差別撤廃条約に関する原告側の訴えを門前払いにしている。

憲法九八条2項違反及び理由の不備をいうが、その実質は単なる法令違反をいうものであって、民訴法三一二条1項及び2項に規定する事由のいずれにも該当しない。（判決、一〇頁）

つまり、女性差別撤廃条約に違反するかどうかは「単なる法令違反」の問題であって、最高裁が取り上げるべき問題ではないと言いたいようだ。ちなみに、憲法九八条2項は、「日本国が締結した条約及び確立された国際法規は、これを誠実に遵守することを必要とする」と定めていて、高裁段階ではこの点についても議論されていたのだが、最高裁の多数意見は、憲法九八条の解釈を論じるまでもないと、原告側の訴えを一蹴しているのだ。

- 「嫡出子」であることを示す「仕組み」としての夫婦同氏

寺田逸郎裁判長は、多数意見に付した補足意見で、次のような主張を展開している。

……男女間に認められる制度としての婚姻を特徴づけるのは、嫡出子の仕組み（七七二条以下）をおいてほかになく、この仕組みが婚姻制度の効力として有する意味は大きい（注）。現行民法下では夫婦及びその嫡出子が家族関係の基本を成しているとする見方が広く行き渡っているのも、このような構造の捉え方に沿ったものであるといえるであろうし、このように婚姻と結び付いた嫡出子の地位を認めることは、必然的といえないとしても、歴史的にみても社会学的にみても不合理とは断じ難く、憲法二四条との整合性に欠けることもない。そして、夫婦の氏に関する規定は、まさに夫婦それぞれと等しく同じ氏を称するほどのつながりを持った存在として嫡出子が意義づけられていること（七九〇条1項）を反映していると考えられるのであって、このことは多数意見でも触れられていることである（ただし、このことだけが氏に関する規定の合理性を根拠づけるわけではないことも、多数意見で示されているとおりである）。複雑さを避け、規格化するという要請の中で仕組みを構成しようとする場合に、法律上の効果となる柱を想定し、これとの整合性を追求しつつ他の部分を作り上げていくことに何ら不合理はないことを考慮すると、このように作り上げられている夫婦の氏の仕組みを社会の多数が受け入れるときに、その原則としての位置付けの合理性を疑う余地がそれほどあるとは思えない。

（判決、一二―一三頁）

先に見たように、多数意見は、夫婦同氏制に四つの「合理性」があると述べている。その二番目の重要性を説明しようとしたのが、寺田逸郎裁判長の補足意見なのである。

民法七九〇条1項は、「嫡出である子は、父母の氏を称する。」と定めている。ただし、子の出生前に父母が離婚したときは、離婚の際における父母の氏を称する。これが「法律上の効果となる柱」で、「これとの整合性を追求しつつ」、民法七五〇条で「嫡出子」が父とも母とも同じ氏を称することができるように、法律的に結婚する夫婦には同じ氏を称させるという「仕組み」ができていると、寺田逸郎裁判長は言いたいのだろう。

寺田逸郎裁判長の論理は、要するにこうなる。結婚とは、夫婦の間に生まれる子を夫婦の嫡出子と認めるための法律的な制度である。家族とは、法律婚をした夫婦と、その間に生まれた嫡出子から成る法律的な制度である。嫡出子とは「夫婦それぞれと等しく同じ氏を称するほどのつながりを持った存在」である。つまり、氏は、両親と嫡出子との固い絆を公的に示すための法律的な制度である。嫡出子が両親それぞれと同じ氏を称することができるように、結婚に際して夫婦には同じ氏を称させるのである。それが、民法七五〇条の役割である。

それにしても、なぜ「嫡出子の仕組み」がそれほど大事なのだろうか。それを説明するために、上記引用中、「嫡出子の仕組み」の「有する意味は大きい」という文に、わざわざ注を付けて、寺田逸郎裁判長は次のように述べている。


……嫡出推定・嫡出否認の仕組みは、妻による懐胎出生子は、夫自らが否定しない限り夫を父とするという考え方によるものであり、妻が子をもうけた場合に、夫の意思に反して他の男性からその子が自らを父とする子である旨を認知をもって言い立てられることはないという意義を婚姻が有していることを示している。このように、法律上の婚姻としての効力の核心部分とすらいえる効果が、まさに社会的広がりを持つものであり、それ故に、法律婚は型にはまったものとならざるを得ないのである。

（判決、一三頁）

ここで、「嫡出推定」とは、民法七七二条1項「妻が婚姻中に懐胎した子は、夫の子と推定する」及び2項「婚姻の成立の日から二〇〇日を経過した後又は婚姻の解消若しくは取消しの日から三〇〇日以内に生まれた子は、婚姻中に懐胎したものと推定する」という「仕組み」である。また、「嫡出否認」とは、民法七七四条「第七七二条の場合において、夫は、子が嫡出であることを否認することができる」という「仕組み」だ。

この「仕組み」は、正式に結婚して法律的に夫婦となることで、妻が産む子を自分の子とすることができるようにする。しかも、夫が嫡出否認の手続きを取らない限り、妻の産む子を他の男性に奪われる心配はない。法律上の妻が妊娠した場合、夫以外の男性には、その子を認知する権利はないのである。たとえDNA鑑定の結果、遺伝的な関係が無いと証明されたとしても、夫が嫡出否認しなければ、妻の産む子は、法律上の妻と夫の「嫡出子」である。実際、二〇一四年七月、最高裁小法廷は、DNA鑑定よりも民法七七二条の嫡出推定が優先するという判決を下している[4]。

この「仕組み」こそが「法律上の婚姻としての効力の核心部分」だ。そして、この「核心部分」に合わせて、民法七五〇条は夫婦同氏を定めているのだ。寺田逸郎裁判長は、そう強調しているのである。

寺田逸郎裁判長の言うとおりだとすると、国は、男性が安心して「自分の子」を持てるように結婚制度を整えているのであり、夫婦同氏制は、嫡出推定・嫡出否認の「仕組み」とともに、その重要な要素なのである。

しかも、そのような結婚制度を多数の国民が受け入れている以上、「個人の尊厳」と「両性の本質的平等」に立脚した婚姻制度を制定せよと国に命じる「憲法二四条との整合性に欠けることもない」と寺田逸郎裁判長は言うのであり、その意見に九名の男性裁判官が賛同して、民法七五〇条は憲法二四条に違反しないという多数意見が構成されたのである。

(2) 少数意見

これに対して、民法七五〇条の規定は憲法二四条に違反するという少数意見を執筆した裁判官が二人いる。一人は、岡部喜代子裁判官である。これに、櫻井龍子裁判官、鬼丸かおる裁判官が同調している。三人の「女性裁判官」は、そろって民法七五〇条の違憲性を主張したわけだ。もう一人は、木内道祥裁判官である。

岡部裁判官も木内裁判官も、憲法一三条と一四条については論じていない。また、女性差別撤廃条約についても、それが憲法とは別に、日本国民に権利を付与しているかどうかは論じていない。その理由は明らかではないが、原告側にとっては大いに不満なのではないだろうか。なお、反対意見を執筆した山浦善樹裁判官は、民法七五〇条の違憲性については岡部裁判官の意見に同調するとだけ述べ、独自の主張はしていない。山浦裁判官の反対意見が多数意見とも少数意見とも違うのは、国の損害賠償責任を認めた点だけである。

そこで、ここでは、岡部裁判官と木内裁判官の違憲判断についてのみ検討することにする。損害賠償責任の検討は省略する。

・岡部裁判官の意見

岡部裁判官は、夫婦同氏制の「合理性」は否定しない。

夫婦と親子という身分関係は、人間社会の最も基本的な社会関係であると同時に重要な役割を担っているものであり、このような関係を表象するために同一の氏という記号を用いることは一般的には合理的な制度であると考えられる。社会生活の上でその身分関係をある程度判断することができ、夫婦とその間の未成熟子という共同生活上のまとまりを表すことも有益である。（判決、一六頁）

しかし、社会情勢の変化とともに、結婚前からの氏を使い続ける必要性が増している。さらに、氏を変えることによるアイデンティティの喪失感などの不利益も生じている。そして、氏の変更にともなう負担は、女性にかかる場合が多いという男女間の不平等が存在する。

夫の氏を称することは夫婦となろうとする者双方の協議によるものであるが、九六％もの多数が夫の氏を称することは、女性の社会的経済的な立場の弱さ、家庭生活における立場の弱さ、種々の事実上の圧力など様々な要因のもたらすところであるといえるのであって、夫の氏を称することが妻の意思に基づくものであるとしても、その意思決定の過程に現実の不平等と力関係が作用しているのである。そうすると、その点の配慮をしないまま夫婦同氏に例外を設けないことは、多くの場合妻となった者のみが個人の尊厳の基礎である個人識別機能を損ねられ、また、自己喪失感といった負担を負うこととなり、個人の尊厳と両性の本質的平等に立脚した制度とはいえない。（判決、一八頁）

この記述は、ほぼ原告側の主張通りであり、岡部裁判官は、民法七五〇条の存在が、実質的な性差別を生んでいると認めているわけである。さらに、民法七五〇条は「婚姻の自由」を実質的に制約する。

本件規定は、婚姻の効力の一つとして夫婦が夫又は妻の氏を称することを定めたものである。しかし、婚姻は、戸籍法の定めるところにより、これを届け出ることによってその効力を生ずるとされ（民法七三九条1項）、夫婦が称する氏は婚姻届の必要的記載事項である（戸籍法七四条1号）。したがって、現時点においては、夫婦が称する氏を選択しなければならないことは、婚姻成立に不合理な要件を課したものとして婚姻の自由を制約するものである。（判決、一九頁）

この記述も、ほぼ原告側の主張通りだ。そして、岡部裁判官が強調するのは、民法七五〇条が、例外を認めず、一律に夫婦同氏を規定しているという問題である。

離婚や再婚の増加、非婚化、晩婚化、高齢化などにより家族形態も多様化している現在において、氏が果たす家族の呼称という意義や機能をそれほどまでに重視することはできない。世の中の家族は多数意見の指摘するような夫婦とその間の嫡出子のみを構成員としている場合ばかりではない。民法が夫婦と嫡出子を原則的な家族形態と考えていることまでは了解するとしても、そのような家族以外の形態の家族の出現を法が否定しているわけではない。既に家族と氏の結び付きには例外が存在するのである。

（判決、一九頁）

そして、旧姓の通称使用は民法七五〇条が生み出している不利益の解消には不十分だし、二つの氏名の使い分けは混乱を生むと、岡部裁判官は言う。

通称は便宜的なもので、使用の許否、許される範囲等が定まっているわけではなく、現在のところ公的な文書には使用できない場合があるという欠陥がある上、通称名と戸籍名との同一性という新たな問題を惹起することになる。そもそも通称使用は婚姻によって変動した氏では当該個人の同一性の識別に支障があることを示す証左なのである。既に婚姻をためらう事態が生じている現在において、上記の不利益が一定程度緩和されているからといって夫婦が別の氏を称することを全く認めないことに合理性が認められるものではない。

（判決、二〇頁）

これは、通称使用の経験者なら誰でも実感していることだろう。

以上の理由から、民法七五〇条は憲法二四条に違反しているというのが、岡部裁判官の結論である。

本件規定は、昭和二二年の民法改正後、社会の変化とともにその合理性は徐々に揺らぎ、少なくとも現時点においては、夫婦が別の氏を称することを認めないものである点において、個人の尊厳と両性の本質的平等の要請に照らして合理性を欠き、国会の立法裁量の範囲を超える状態に至っており、憲法二四条に違反するものといわざるを得ない。

（判決、二〇頁）

●木内裁判官の意見

木内裁判官は、まず、民法七五〇条の規定は憲法二四条1項に違反していると言う。

本件規定は、婚姻の際に、例外なく、夫婦の片方が従来の氏を維持し、片方が従来の氏を改めるとするものであり、これは、憲法二四条1項にいう婚姻における夫婦の権利の平等を害するものである。

（判決、二二頁）

しかし、木内裁判官は、次のように続ける。

もとより、夫婦の権利の平等が憲法上何らの制約を許さないものではないから、問題は、夫婦同氏制度による制約が憲法二四条2項の許容する裁量を超えるか否かである。

（判決、二二頁）

つまり、「合理性」があって許される不平等と、「合理性」がなくて許されない不平等があるわけだ。そして、木内裁判官は、多数意見が挙げる夫婦同氏制の「合理性」に疑問を投げかける。

家族の中での一員であることの実感、夫婦親子であることの実感は、同氏であることによって生まれているのだろうか、実感のために同氏が必要だろうかと改めて考える必要がある。少なくとも、同氏でないと夫婦親子であることの実感が生まれないとはいえない。

（判決、二四頁）

同氏であることは夫婦の証明にはならないし親子の証明にもならない。夫婦であること、親子であることを示すといっても、第三者がそうではないか、そうかもしれないと受け止める程度にすぎない。

（判決、二五頁）

未成熟子に対する養育の責任と義務という点において、夫婦であるか否か、同氏であるか否かは関わりがないのであり、実質的に子の育成を十全に行うための仕組みを整えることが必要とされているのが今の時代であって、夫婦が同氏であることが未成熟子の育成にとって支えとなるものではない。

うである。そのうえで、夫婦同氏に例外を認めないことに「合理性」はないと、木内裁判官は述べる。
木内裁判官は、多数意見が挙げた四つの「合理性」のうち、第一、第三、第四の三つを否定しているよ

（判決、二七頁）

同氏でない婚姻をした夫婦は破綻しやすくなる、あるいは、夫婦間の子の生育がうまくいかなくなるという根拠はないのであるから、夫婦同氏の効用という点からは、同氏に例外を許さないことに合理性があるということはできない。

（判決、二五頁）

木内裁判官も通称使用は問題の解決にならないと述べている。そして、国会が法改正して夫婦同氏に例外を認めるべきだと主張する。なお、木内裁判官は、憲法二四条に論点を絞りながらも、原告側の主張を幅広い問題提起だと認めている点でユニークである。

氏名権の人格権的把握、実質的男女平等、婚姻の自由など、家族に関する憲法的課題が夫婦の氏に関してどのように存在するのかという課題を上告人らが提起している。これらはいずれも重要なものであるが、民法七五〇条の憲法適合性という点からは、婚姻における夫婦同氏制は憲法二四条にいう個人の尊厳と両性の本質的平等に違反すると解される。

（判決、二一頁）

三　判決の批判的検討

最初に述べたように、判決の大きな問題点は二つある。一つは、原告側の訴えを真正面から受け止めておらず、議論が嚙みあっていないという点である。もう一つは、多数意見の根底にある思想があまりにも時代錯誤的で男性中心主義的だという点である。

(1)　個人の人権か、国家の制度か

原告側が訴えたのは、「個人の人権」としての「自由」と「平等」である。具体的には、「(結婚に際して)氏の変更を強制されない自由」と「婚姻の自由」という二つの自由と、結婚における「個人の尊厳」の平等だ。特に、この二つの自由に対する「最大の尊重」を、憲法一三条は要請すると主張した。また、「個人の尊厳」の平等については、憲法一四条が、今では「実質的な平等」を要請すると主張した。

ところが、最高裁が論じたのは、国家の定めた結婚制度が憲法の許容範囲内に収まっているかどうかであった。これが、判決の言う、「民法七五〇条の憲法適合性」である。国家は、ある程度までなら、個人の自由を制約してもいいし、不平等な扱いをしてもいい。しかし、「ゆきすぎ」があってはいけない。民法七五〇条の生み出す不自由や不平等は、果たして「ゆきすぎ」と認められるかどうか。これが、最高裁大法廷の取り上げた問題であった。

言い換えると、最高裁の発想は、「個人の人権」を国はどこまで制限してよいかというものである。これでは、「個人の人権」の「最大の尊重」という憲法一三条の理念の適用を最高裁に期待することは到底できないのではなかろうか。

憲法一三条の理念に反して、最高裁は、「個人の人権」の「最小の尊重」しか国に求めていないのである。それだから、一〇名の男性裁判官は、夫婦同氏という結婚の形しか国が認めないとしても、嫌なら事実婚を選べばいいのだし、多少の不便は通称使用で何とかなるし、何より法律婚を選ぶかどうかは自由に任せているのだし、どちらの氏を選ぶかも夫婦に決めさせているのだから、「個人の人権」の「最小の尊重」は満たしていると判断したわけだ。彼らの発想では、国民全員に結婚を義務づけるとか、妻だけに氏の変更を義務づけるとかしない限り、国が「個人の人権」を侵害しているとは認められないのだろう。

同じことが憲法一四条についても言える。直接差別だけでなく間接差別も禁止して、実質的な平等を実現しなければ公平ではないという思想は、「最大の平等」を求める。これに対して、法は形式的な平等さえ保障すれば十分だという思想は、「最小の平等」しか求めない。それでは、よほど露骨な差別でなければ憲法一四条に違反しないことになってしまう。

結婚改姓によるアイデンティティの喪失や、旧姓の通称使用（実際には、常に戸籍姓と旧姓の両方を使い分ける生活）といった負担が、圧倒的に女性にのしかかっていたとしても、法律の条文が形式的に男女平等であれば、憲法一四条の出番はないと、一〇名の男性裁判官は考えたのだ。

そうすると、三名の女性裁判官全員と二名の男性裁判官が、夫婦同氏制に例外を認めないことは、もはや「個人の人権」の「最小の尊重」さえ満たしていないと判断したことは、画期的なことなのかもしれない。しかし、これら五名の違憲派でさえ、「個人の人権」の「最大の尊重」という憲法一三条の理念に従って、民法七五〇条が原告たちの幸福追求権を侵害していると明言できないでいることは、ただただ残念としか言いようがない。

少数意見は、いずれも実質的な男女不平等の存在を指摘しているのだから、憲法一四条違反についても、もっと明確に主張できたのではないか。原告側が主張したように、男女共同参画基本法も女性差別撤廃条約も、憲法一四条の理念の「実質化」を求めているのだから、なおさらだ。

最後に、最高裁が国際人権規範を軽視しているとしか思えない判決になっている点は、厳しく批判しておきたい。「個人の人権」の「最大の尊重」を国際的に果たそうというのが、国際的な人権条約の目的だ。このような国際的な人権保障体制が必要なのは、国家が、しばしば「個人の人権」の「最小の尊重」で済まそうとするからである。女性差別撤廃委員会のたびたびの勧告を日本国政府と国会は無視し続けている。そのような状況を見たら、勧告の実施を行政と立法に厳しく求めるのが司法の役割であり、最高裁の責務であろう。

(2) 結婚とは何か

二〇一五年、最高裁大法廷判決の最大のサプライズは、夫婦同氏制の「合理性」の根拠として「嫡出子の仕組み」を持ち出したことだ。これは、二〇年来の夫婦別姓論争で初めて登場した議論ではなかろうか。

財産相続については、二〇一三年、非嫡出子の相続分を嫡出子の二分の一と定めた民法九〇〇条4号ただし書の規定は憲法違反だと、最高裁大法廷は判決を下している。(5) 嫡出か非嫡出かという区別は不当な差別だと、最高裁は認めたものとばかり思っていた。

それだけに、夫婦同氏を正当化するものとして「嫡出」概念を持ち出してきたことは予想外だった。特に、寺田逸郎裁判長の補足意見は、結婚とは男性に「嫡出子」を与えるための法律的な制度なのだと強調しており、グロテスクなまでに男性中心主義丸出しである。

「嫡出」概念は、古代ローマ法を起源とする。帝政ローマ時代のファミリア（家）では、家父長である夫が全権を握り、妻と妻の産む子を支配していた。古代ローマ法は、ナポレオン法典を通して近代民法につながっているから、「嫡出」概念はある意味でとても正統的な法概念である。しかし、それは出生による差別を肯定する概念として、今では世界的に否定されている。その流れに沿って、日本の最高裁も、民法九〇〇条4号ただし書を憲法違反と認定したのではなかったか。

それなのに、「嫡出子の仕組み」こそ結婚制度の根幹であって、夫婦同氏制はこの根幹を支えているから「合理性」があるなどと主張することは、時代錯誤も甚だしい。

もしかすると、かれこれ二〇年に及ぶ夫婦別姓論争によって、夫婦同氏は「日本の伝統」だとか、夫婦同氏で「家族の一体感」が生まれるといった浅薄な議論が通用しなくなったからこそ、改めて夫婦同氏の「合理性」を支える理論を探してみたら、カビの生えた「嫡出」概念くらいしか出てこなかったということなのかもしれない。

そうではなくて、最高裁の裁判官の多数が、結婚とは嫡出子を男性に持たせるための法制度であり、これは守らなければならないと本当に考えているとしたら、実に深刻な問題である。そして、夫婦別姓に関する判決と同じ日に出された女性の再婚禁止期間をめぐる判決を読むと、(6) その可能性は否定できない。

……夫婦間の子が嫡出子となることは婚姻による重要な効果であるところ、嫡出子について出産の時期を起点とする明確で画一的な基準から父性を推定し、父子関係を早期に定めて子の身分関係の法的安定を図る仕組みが設けられた趣旨に鑑みれば、父性の推定の重複を避けるため上記の一〇〇日について一律に女性の再婚を制約することは、婚姻及び家族に関する事項について国会に認められる合理的な立法裁量の範囲を超えるものではなく、上記立法目的との関連において合理性を有するものということができる。

（判決、七―八頁）

やはり、「嫡出子の仕組み」を根拠として、女性のみに再婚禁止期間を定めた民法七三三条を、部分的とはいえ、合憲と判断しているのである。

この判決については、いかにも全員一致で違憲判断が下ったかのような報道が目立ったが、女性にのみ再婚禁止期間を設けること自体が不当な差別で違憲だと主張した裁判官はわずか二名（女性一、男性一）であり、圧倒的多数が女性に対してのみ再婚禁止期間を設けても差別ではないと言ったのだから、実は夫婦別姓をめぐる判決以上に「反動的」で女性差別的なのである。先に触れたDNA鑑定よりも民法の規定を優先させる小法廷判決とあわせてみると、最高裁は、家族とは法律で決めるものであり、その基本は夫婦同氏の法律婚と「嫡出子の仕組み」だという思想を持っているとしか思えないのである。

そうだとすれば、「婚姻の自由」の「最大の尊重」を最高裁に期待することは、絶望的と言わざるを得ないのではなかろうか。

おわりに

「嫡出子の仕組み」こそ法律的な結婚制度の根幹であって、そのために夫婦同氏制もあるのだと最高裁が言うのであれば、「嫡出子の仕組み」そのものを全廃すべきだと主張しなければいけないのではないか。民法九〇〇条四号ただし書の削除だけでは不十分で、民法から「嫡出」という用語を全廃させる必要があるのだ。どうやら、法律婚の下に生まれた子を「嫡出」とし、そうでない子と区別するという思想が民法に残っている限り、「婚姻の自由」の「最大の尊重」は実現できそうもない。夫婦別姓「も」法制化せよと言うのではなく、法律婚と事実婚の差別を完全に撤廃せよと言わなければいけないのだ。そのことを明確にしてくれたのが、今回の最高裁大法廷判決である。もちろん、異性婚のみを法律で結婚と認め、同性婚を法律婚から排除することも止めなければならない。

そして、姓と結婚を完全に切り離すことが必要だ。実は、それこそが夫婦別姓運動の目的だったはずだ。しかし、「夫婦別姓」と言い続ける限り、姓と結婚は切り離せない。

そのうえで、氏の自由な選択を、個人の人権として承認すべきだ。「氏の変更を強制されない自由」を一歩進め、新しい氏の創出を含めて完全な「氏の選択の自由」を主張しよう。一定の年齢になったら親に与えられた氏名を変更する自由を、すべての個人に保障しよう。そうしなければ、本当の意味での人格権の一部としての氏名権を私たちは獲得できないだろう。

求めるべきは、「氏名の自由」と「婚姻の自由」との「最大の尊重」だ。これからは、「氏名の自由」運動と、「婚姻の自由」運動とを、一緒に、しかし独立に進めようではないか。

column

1 「ニュー選択的夫婦別姓訴訟」をめぐって

◎ 戸籍法の違憲性を問う裁判

二〇一八年一月九日、ソフトウェア会社サイボウズ社長の青野慶久氏を代表とする四人の原告が、戸籍法改正による選択的夫婦別姓制度の実現を求めて提訴した。陳述書（https://drive.google.com/file/d/1da0ngzbEPY08DU4y0kGCpnBMCFBPokaB/view）によると、原告代表の青野氏は、結婚時に妻方の氏（姓）を選んで戸籍上は青野ではなくなったが、仕事上は青野を通称として使用し続けている。しかし、さまざまな不便や不利益に直面しており、同様の困難を抱える他の原告とともに提訴に至ったとのことである。

有名人男性が原告代表ということと、訴訟代理人の作花《さっか》知志《ともし》弁護士が戸籍法上の「欠缺《けんけつ》」（＝不備）が憲法二四条2項（婚姻における個人の尊厳と両性の本質的平等の規定）と憲法一四条1項（法の下の平等の規定）に違反するという「新しい主張」を展開しているということで、マスコミの注目を集めた。だが、この「新しい主張」に対して、一部のフェミニストからは、強い反対や疑義が表明されてもいる。

そこで、青野氏らの「新しい主張」の内容を訴状（https://drive.google.com/file/d/1z31167DIWESbt_VGbkKtun8EzXR8ynOy/view）に即して明らかにするとともに、これに対する批判がなぜ出てくるのかを考えてみたい。

◎戸籍法の「欠欽」とは？

日本人（日本国籍保持者）同士が結婚する場合だけ、「民法上の氏《うじ》」とは異なる「戸籍上の氏（呼称上の氏）」を称する制度が設けられていないのは重大な不備であり、憲法上許されない差別である。なぜなら、

①日本人同士の夫婦が離婚する場合、民法上はどちらも結婚前の氏に戻ることになっているが、結婚に際して氏を変えたほうの配偶者が、離婚して民法上は元の氏に戻っても、離婚前の氏のままで離婚後の戸籍を作ることができるという「婚氏続称」が戸籍法上認められている。

②日本人が外国人（外国籍保持者）と結婚して新しい戸籍が作られる場合、元々の氏を称し続けることもできるし、外国籍配偶者の氏を称することもできるよう、戸籍法で定められている。

③外国人と結婚し、その人の氏を称して戸籍を作った日本人が、離婚する場合も、結婚の際に選んだ氏を称し続けることもできるし、結婚前の氏で離婚後の戸籍を作ることもできるよう、戸籍法で定められている。

つまり、日本人同士が結婚する時だけ「戸籍上の氏」が選べるように手当てされていないという不公平がある。これが青野氏らの「新しい主張」だ。

・第一のポイント

まず理解しなければならないのは、「民法上の氏」と「戸籍法上の氏」という区別だ。この区別が必要になったのは、離婚に際して「婚氏続称」を認めるためだった。

民法は、離婚後の「復氏」を定めている。つまり、結婚に際して氏を変えた人は、結婚前の氏に戻ることになっている。それなのに、それとは違う氏で戸籍を作れるようにするには、「民法上の氏」と「戸籍上の氏」とは別物だと言わなければならない。そこで、「戸籍上の氏」は「呼称上の氏」であって、「民法上の氏」とは法律的には違うものだという解釈になったのだ。

だったら、日本人同士が結婚するときも、民法上の氏を変えたほうが、変える前の氏を「戸籍上の氏」として称することができるようにしなければ不平等だろうと、青野氏らは主張する。「婚氏続称」が可能なら「婚前氏続称」も可能にせよというわけである。

日本人と外国人との結婚でも、外国人配偶者の氏（＝姓）を称して戸籍を作れるようにするには、この区別が必要になる。実は、そもそも外国人は「氏」を持たない。氏とは「日本人だけが代々受け継ぐ出自」を示すものだからだ。そこで、外国人の「姓」（本当は氏ではないのだが）を「呼称上の氏」と見なして、日本人配偶者が「戸籍上の氏」として使えるようにしようということになったのだ。

いずれにせよ、外国人と結婚するときは「民法上の氏」とは違う氏で戸籍が作れるのに、日本人と結婚するときはできない。これは不公平だと、青野氏らは主張するのである。

・第二のポイント

だが、日本人同士の結婚を、このように日本人同士の離婚および日本人と外国人の結婚と離婚と単純に並べることには少々無理がある。

なぜなら、日本人同士の結婚の場合は夫婦がともに同一戸籍に入るが、日本人同士の離婚でも日本人と外国人との結婚または離婚でも、新しい戸籍は単身者か、親一人とその子どもしか含まないという大きな違いがあるからだ。

そして、日本人同士で離婚した人の新しい戸籍にも、外国人と結婚または離婚した人の戸籍にも、氏は一つしかついていない。

「復氏」しようが「婚氏続称」しようが、日本人の離婚後の戸籍に氏が一つしかつかないことについては説明不要だろう。外国人との結婚の場合を簡単に説明すると、こうなる。

外国人は戸籍制度の枠外にあるから、日本人が外国人と結婚しても、新しい戸籍には日本人しか入らない。外国人配偶者がいることは、身分事項欄に注記されるだけなのだ。子どもが生まれれば、その子は日本国籍が持てるので日本人親の戸籍に入るが、外国人の父親は入らない。だから、日本人配偶者の戸籍には、本人の選んだ氏が一つだけつき、子は日本人親と「同じ氏」を称する。やはり、一つの戸籍に氏は一つだけだ。

ところが、日本人同士の結婚の場合は、夫婦単位で新しい戸籍を一つ作るわけだが、そこで「民法上の氏」を変えたほうに結婚前の氏を戸籍上称することを認めると、氏を変えなかったほうの氏と、氏を変えたほうの元の氏の二つが、一つの戸籍につくことになる。

それは現行戸籍法の禁じるところではないというのが原告側の主張だが、被告側の国は、現行戸籍法は単一戸籍に二つの氏をつけることを禁じていると主張しており、ここが一番の争点だと思われるのである。

戸籍法第六条は、「戸籍は、市町村の区域内に本籍を定める一の夫婦及びこれと氏を同じくする子ごとに、これを編製する」という文章になっている。原告側は、この条文は同一戸籍の親子が同じ氏であることを定めているだけで、夫婦が同じ氏であることは求めていないと主張する。被告側の国は、この条文は同一戸籍内の夫婦と子がすべて同じ氏であることを規定しているのだと主張する。国は、「一つの戸籍に氏は一つだけ」というのが戸籍編製上の大原則であり、戸籍法もそう定めていると言うのだ。

繰り返すが、この問題は、日本人同士の離婚の場合も、日本人と外国人の結婚または離婚の場合も生じない。「同一戸籍に二つの氏」が現行戸籍法上許容されると裁判所が判断するかどうか、大いに注目される。

◎「新しい主張」への批判

青野氏らの訴訟に対して、ジャーナリストで立憲民主党所属の政治家である井戸まさえ氏がWebマガジン『現代ビジネス』誌上で二度にわたって批判を展開した（二〇一八年四月一九日版 https://gendai.ismedia.jp/articles/-/55332、五月一四日版 https://gendai.ismedia.jp/ articles/-/55559）。井戸氏は、『女たちの21世紀』九五号（二〇一八年九月、一三―一七頁）でも青野氏らへの批判を開陳している。井戸氏が提起している論点の中で重要なもの二つを取り上げてみたい。

最も重要なのは、青野氏らの求めるような戸籍法改正が実現しても、「明治維新以降の女性差別の問題」という最も根本的な問題が解決されないのではないか、それどころか解決を一層困難にする恐れがあるのではないかという懸念だ。これを「人権問題」と呼ぼう。

次に重要なのは、青野氏らの主張する戸籍法改正が実現した場合、戸籍制度・住民登録制度が複雑化し、「民法上の氏」と「戸籍上の氏」との併存は、どちらが「本当の氏（姓）」かという問題を生むのではないかという懸念だ。これを「本名問題」と呼ぼう。

• 人権問題としての夫婦別姓

既に述べたように、青野氏らの主張の新しさは「戸籍上の氏（呼称上の氏）」の選択権を婚姻時に認めるよう戸籍法を改正せよというものだ。青野氏らは、民法七五〇条は憲法に違反しないと二〇一五年一二月に最高裁が判決を下しているので、民法については争わず、戸籍法を問題にするという作戦を取ったのだった。

ということは、たとえ青野氏らが勝訴し、望み通りの戸籍法改正が実現したとしても、民法七五〇条「夫婦は、婚姻の際に定めるところに従い、夫又は妻の氏を称する」はそのまま残り、法律婚をしたいカップルは、婚姻を届け出る際に、今まで通り夫または妻の氏を「両者共通の民法上の氏」として選ばなければならないことになる。

しかし、それでは、旧姓使用が容易になるだけで夫婦同姓制度は変わらないではないか、氏名が個人の人格権として認められないという人権侵害状況は無くならないではないかと、井戸氏は批判するのである。民法七五〇条がそのままでは、どんなに旧姓使用の利便性が向上したとしても、「今まで生きてきた名前を一旦であったとしても変えなければならない」という「苦痛」は無くならないと、井戸氏は言う。

さらに、旧姓使用の利便性が向上し、二つの氏を使い分ける不自由が解消されてしまえば、「実際に困っていないのだから」という理由で、民法七五〇条の改正を求める根拠が弱くなってしまうのではないか。そうなれば、本当の意味での人権救済が遠のくのではないかと、井戸氏は憂慮するのである。

これに対して、青野氏らの側は、おそらくこう反論するだろう。

第一に、「戸籍上の氏」は立派な法律上の氏なのだから、結婚するカップルがどちらも自由に「戸籍上の氏」を選択することが可能になるということは、単なる旧姓使用の範囲拡大とはまったく違う改革である。

第二に、残念ながら最高裁が民法七五〇条は合憲と判断してしまっているのだから、裁判を通してその不当性を訴えるのは難しい。だとしたら、今までとは違う議論で戸籍法の改正を求めるほうが現実的だ。やりやすそうな、反対の少なそうな改革から始めよう。

• 新たな本名問題

だが、青野氏らの主張にはまだ問題があると、井戸氏は言う。

青野氏らの求める改革が実現すると、結婚するカップルは、どちらかの氏（姓）を「民法上の氏」として選んだうえで、同時に「民法上の氏」を変えたほうが、元々の氏を「戸籍上の氏」として使い続けると届け出ることになる。夫婦は一つの戸籍に入るから、既に説明したように、一つの戸籍に二つの氏がつくことになる。その結果、さまざまな問題が新たに生じるのではないかと、井戸氏は考えるのだ。

現在の制度では、氏を変えなかったほうの配偶者が、自動的に「戸籍の筆頭者」になる。では、夫婦がそれぞれ異なる「戸籍上の氏」を選んだ場合、どちらが筆頭者になるのだろうか？　「民法上の氏」と「戸籍上の氏」とが同じほうが自動的に筆頭者となる制度とするのか、筆頭者も選べる制度とするのか、筆頭者を無くしてしまうのか？　仮に「民法上の氏」と「戸籍上の氏」とが同じほうが自動的に筆頭者となる制度にしたとすると、やはり筆頭者の氏こそ「本当の氏」つまり「本名」だと思われないだろうか？

　生まれる子どもの氏は、どう決めるのだろう？　子どもにも「民法上の氏」と「戸籍上の氏」をつけなければいけない。青野氏らの案では「民法上の氏」は一つだから選ぶ余地はないが、子どもの「戸籍上の氏」は父と母のどちらの「戸籍上の氏」にすればいいのだろうか？　すべての子どもの「戸籍上の氏」を自動的に「民法上の氏」と同じにするのか、子どもが生まれるたびにどちらか選べるようにするのか、それを親が決めていいのか、子どもに選ばせるのか、問題は尽きない。

　そして、親にせよ子どもにせよ、「民法上の氏」と「戸籍上の氏」とが違うことが周囲に知られた場合、「どっちが本名？」と聞かれる事態が生じるのではないか？

　法律的には、本名とは戸籍に記載された氏名である。だから、「戸籍上の氏」は立派な本名だ。だから、あらゆる書類に使える。だから、青野氏らの主張する戸籍法改正には意義がある。だが、だから、新しい「本名問題」が生じてしまうのではないか。これが井戸氏の懸念なのだ。

　今は、「民法上の氏」と「戸籍上の氏」との違いなど、ほとんどの人が知らない。今は一つの戸籍に一つの氏しかついていないから、それが「民法上の氏」と同じかどうかも実際的には問題にならないし、誰もそんなことを気にしない。だからこそ、婚氏続称も実現したし、外国人配偶者の氏を「戸籍上の氏」とすることも容易に制度化できた。

　だが、婚姻に際して「戸籍上の氏」の選択を認め、一つの戸籍に二つの氏をつけるとなると、このようにさまざまな問題が生じる恐れがあるのだ。

そして、おそらく夫婦別姓を選択するカップルは少数者に留まるから、別姓を選択したカップルとその子どもだけが、「民法上の氏」と「戸籍上の氏」との違いに悩まされる事態が生じかねない。それでは差別は無くならないと、井戸氏なら言うだろう。

◎ 戸籍上の氏破れて、民法上の氏あり?

戦後の新民法に対して「家破れて、氏あり」という批判があった。家制度を廃止したはずが、氏を同じくする核家族単位の戸籍と本籍の制度が、つまり「民法上の氏」が家制度を残してしまったという批判だ。ニュー選択的夫婦別姓が実現しても、「戸籍上の氏破れて、民法上の氏あり」という結果に終わらないかと、井戸氏のみならず、多くのフェミニストが危惧しているのである。

私は、井戸氏の批判に基本的に同意する。しかし、青野氏らの訴訟の意義を否定する必要もないと思うのだ。

青野氏らの主張が認められて、戸籍法上の夫婦別氏＝夫婦別姓が制度化されれば、それだけで「通称使用の苦労」は大幅に軽減されるし、組織によって認められたり認められなかったりという通称使用の不公平という現状は是正される。「法律で認められてんだよ」と言えることは、家族や近親者に対して「理解を求める」うえで大きな手助けになる。どんなに不十分であってもＤＶ防止法ができたことは、「ＤＶは許されない」という社会常識の形成に大きく役立っている。同じ効果が、戸籍法改正にも期待できる。

しかし、戸籍法が改正されて「戸籍上の氏（呼称上の氏）」を夫婦で別々にすることが可能になったとしても、それだけで婚姻における男女平等が実現されるわけではないし、女性差別がなくなるわけでもない。民法改正を求める運動は、それがどのような形を取るにせよ、引き続き必要であって、止めるわけにはいかない。

夫婦別姓選択制を求める運動の根幹には、女性差別撤廃という主張ももちろんあるが、同時に多様な結婚の承認（もちろん結婚しない自由の承認も含めて）もある。祖先の墓を護りたいから、家名を継ぎたいから夫婦別姓を求めるという人たちもいるし、そういう人たちも、私たちは否定せずに応援してきた。大切なことは、法的に認められる結婚の幅を広げることだ。そのために、できることをやっていこうと思っている。

付記　二〇一九年三月二五日、東京地裁は青野氏らの請求を棄却する判決を下し、一審は青野氏らの敗訴に終わった。青野氏らは控訴すると述べており、今後の展開が注目される。

II

男にとっての妊娠・出産・育児

第三章　〈産ませる性〉の義務と権利

――男性にとってのリプロダクティブ・ヘルス／ライツを考える――

はじめに

この章では、リプロダクションすなわち生殖という領域における健康と権利／義務の問題を、〈産ませる性〉としての男性の立場から考える。〈産ませる性〉という呼び方に違和感を抱く読者もおられるだろうが、〈産む性〉と呼ばれる女性との対比において、「普通の」男性が通常置かれる立場を明確化するために、あえて〈産ませる性〉と表現する。

ここで、生殖とは、ヘテロセクシュアルな性関係の中で、避妊しない性交が行われ、その結果、妊娠と出産またはその中断に至る過程と捉える。すなわち、ヘテロセクシュアルな男性が、ヘテロセクシュアルな女性と性行為をする際に、勃起したペニスを女性の膣に挿入し、膣内で射精する結果、女性の体内で卵子が受精して妊娠に至るという形態の生殖行為を問題化するということである。

生殖について、最初にここまで「露骨」に細かく書くのには理由がある。それは、そうしないと男性の姿が見えてこないということだ。性交の際には、たしかに男と女がともにいる。しかし、性交は生殖行為とは意識されないのが普通である。それは性行為の一部と見なされるからだ。特に男性は、性交を「子作り」とは見なさないことが多い。そして、胚胎《はいたい》から出産あるいは中絶まで、妊娠の過程は女性の体内でのみ進行し、男性の身体とは直接的な関係はない。そのため、生殖はもっぱら女性の問題として認識され、男性と生殖とのかかわりを積極的に取り上げた研究はほとんどなかった(1)。

私自身の体験を振り返ってみても、胚の超音波写真を初めて目にしたとき、それが私と関係のある存在だとはとても思えなかった。奇妙な丸玉がぼんやりと写っていただけだった。その後、妻の定期検診に欠かさず付き添い、超音波カメラの画面を通して妻の体内で成長する胎児の様子を毎月、目の当たりにしたが、私自身の身体には何の変化もなく、つながりを実感したことはない。つながりを体感するのは、出産後、新生児を自分の手に抱いて以後のことである。だが、私が生殖と無関係なわけではない。私には、精子の製造元として、また精子の提供者として、胎児と身体的・生理的なつながりがある。私は、「生殖する存在」だったのである。女性には「何を今さら」と呆れられるのであろうが、そのことに私が無自覚であったということが、私の出発点となる。

性交という行為を通して男性が女性に注入する精液には、精子が含まれ、その精子には卵子と結合して胚を形成する能力がある。そして、その精子は、精巣という男性生殖器官で生み出されるものであり、妊娠を引き起こす「元凶」であるとともに、妊娠した女性と胎児の健康と権利に深くかかわるものである。

ところが、妊娠と出産あるいは中絶は女性の身体のみに影響するのであって、男性の身体には何の影響も及ぼさない。妊娠の原因は男女双方にありながら、その結果は女性のみが引き受ける。男性は、〈孕ませる性〉[2]であり、〈産ませる性〉なのだ。このような視点から、「性交から妊娠と出産まで」の過程における男性の義務と権利の問題を考えてみたい。

一　〈産ませる性〉の再認識

自分が生殖する存在であるということを、男性は忘れがちだ。少なくとも私はそうだったし、私の周囲を見渡す限り、多くの男性がそのようだ。これには、男性は妊娠から「遠く離れている」という身体的・生理的な理由がある。しかし、それ以上に、社会的・政治的な理由が大きい。

(1)　生殖の「性化」

男性に〈産ませる性〉であることを忘れさせる原因として真っ先に思いつくのは、いわゆる「性と生殖の分離」だろう。妊娠と出産の主体である女性は性と生殖を切り離して考えられないのに対して、そうではない男性は容易に性と生殖とを切り離し、ひたすら快楽としての性だけを求めることができるというのが通説となっている。

しかしながら、よく考えてみると、実はそうではない。男性の性行為は、マスターベーションにせよ性交にせよ、勃起することと射精することが中心となっている。性的快感を得るには、男性は生殖能力を持っていなければならないのだ。対照的に、女性の場合、性行為と排卵とは直接的な関係はない。排卵が快感の源ではない。女性は、生殖能力の有無にかかわらず、性行為を行いうる。性行為の可能性という点から見ると、男性にとってのみ、生殖能力は性の前提条件となっている。また、男性は、女性を妊娠させたいと思うときも、まず自分を性的に興奮させ、ペニスを勃起させて射精しなければならない。対照的に、女性は、性的な興奮や快感をともなわなくても、性交に従事しうる（強制されうる）し、その結果妊娠しうる。男性の生殖力は性的に高ぶる力に依存するのだ。したがって、見方によっては、男性のほうが、女性以上に、性と生殖を切り離し得ないのである。(3)

それではなぜ、男性のほうが性と生殖を分離しうると見なされがちなのだろうか。なぜ、男性は生殖と無関係だと思われがちなのだろうか。その最大の要因は、勃起と射精を生殖の問題ではなく、性の問題とする社会的な言説であろう。その典型は、言うまでもなくポルノグラフィである。巷に氾濫するアダルトビデオは、最後に女性の身体の上に撒き散らされた精液をアップに映し出すものが少なくない。(4) 視覚映像をともなわないポルノ小説などでも、性交に至るまでは語られても、その後は語られないのが普通だ。生殖行為の始まりであるはずの射精が、性行為の終わりとして描かれる。日常会話においても、「最後まで行く」とは性交に及ぶことを意味するのであって、女性が妊娠することを指しはしない。社会的な言説が、性と生殖とを分離しうるものとして構築し、性から分離された生殖を胚胎・妊娠・出産／中絶という女性特有の問題として構成し、男性を生殖から切り離すのである。

さらに、近代医療における産婦人科と泌尿器科との分離が重要である。[5] 科学が、女性の身体については性と生殖とを結びつけ、男性の身体については性と生殖とを切り離すのだ。経口避妊薬は、安心して性生活を楽しむための薬ではなく、生殖を制御する薬だと誰もが思う。女性の性と生殖は一連の問題として産婦人科で扱われるのに対して、男性の生殖機能は性機能の問題として泌尿器科で扱われる。

たとえば、勃起障害は、第一義的に性機能不全であると医学が断言する。それゆえ、バイアグラは、生殖を制御する薬とは誰も思わない。それは、なによりも性機能不全の治療薬であり、だからこそ強壮剤・精力増強剤の範疇に（誤って）含まれてしまう。そして、命の危険を冒しても、たくましく勃起するために、「男らしく」バイアグラを服用してしまう男性が出てくることになる。

このように、さまざまな社会的言説に支えられるだけでなく、いわば科学のお墨付きを得て、男性は、性的存在ではあっても生殖とは切断された存在となり、男性セクシュアリティの〈産ませる性〉という側面は隠蔽されてきたのである。

(2) 精子の「擬人化[6]」

生殖行為として性行為を捉えなおそうとすると、まず目につくのは精子という存在だ。現在では、精子というと、オタマジャクシのような形の細胞が顕微鏡の下でせわしなく動き回っている姿を誰でもイメージするだろう。これがまた曲者である。

コンピュータ・グラフィックを駆使したドキュメンタリー番組に典型的に見られるように、精子は、あたかも独立した生命体のように描かれる。精子は、精巣から「頭」と「しっぽ」を持って生まれ出る。精子は、無数の「仲間」たちと競争しながら、必死に「しっぽ」を動かして泳ぎ続ける。膣から卵管へと「長い旅」を経る中で、「選び抜かれた」精鋭だけが、細胞壁を「撃破」して卵子へと「頭」から「突入」する。雄々しく、たくましい精子の姿。それは、あたかもミニチュアの男性そのもののようである。実際に、マスメディアの報道でも、そして時には医学書の中でも、しばしば精子は擬人化――より正確には擬「男」化――される。環境ホルモンの影響による精子の減少や弱体化、化学物質による精子の異常の問題が近年マスコミでもセンセーショナルに報道されているが、そこでも話題の中心は精子であり、精子が「犠牲者」として描かれる。そのうえ、同情を誘うのは精子であって、精子の異常の影響を受ける胎児や妊婦ではない。

この精子の擬人化は、男性と生殖との関係を曖昧にする。なぜなら、擬人化されることで、生殖におけるジェンダー関係が、精子と卵子との関係に置き換えられてしまうからだ。医学理論もマスメディアも、精子が卵子に「突入する」とか、あるいは卵子が精子を「誘惑する」と語る。いずれにせよ、妊娠の起点は精子と卵子の「出会い」となる。その結果、そもそも精子が女性の体内に侵入した原因である性交は、妊娠から切り離され、忘れ去られてしまう。性交の社会的背景にある不均等なジェンダー関係も家父長制も、妊娠をめぐる言説から排除されるのだ。このように、精子に注目した言説までもが、男性と妊娠との距離を遠ざけ、生殖における男性の存在を隠蔽する機能を果たしているのである。その結果、生殖する主体としての男性を、再び見失ってしまうこととなる。

(3) 生殖する主体としての男性

卵子と精子との「出会い」ではなく、性交が、すなわち男性が女性の膣内に勃起したペニスを挿入して射精することが、妊娠の起点なのだと再確認しなければならない。そうすれば、男性もまた、性と生殖のパートナーである女性との相互関係において、生殖の一主体であることに気づくはずである。さらに、性交が妊娠と出産へとつながることを考えれば、妊婦と胎児との相互関係においても、男性は一人の主体である。そして、主体であるということは、自らの行為に対して責任が生じるということだ。

ここで、生殖における女性の主体性との関連について、一言述べておかなければならない。それは、女性の「生殖における自由（reproductive freedom）」と男性との関係である。女性の意に反して、男性が避妊なき性交を強制したり、妊娠の継続や中断を強制したりする場合には、男性のみが生殖の主体となる。そして、家父長制の下では、結婚と家族という枠組の中で、男性のみが生殖の主体であり得、女性の自己決定権が侵害されているというのが、従来のフェミニズムの主張であろう[7]。

このような立場からすると、生殖における男性の主体性を問題化することは、再び男性の干渉と介入を招くばかりか、それを正当化する根拠を与える危険がある。そのため、フェミニストたちは、生殖における男性の主体性を積極的に取り上げようとはしなかった。その結果、フェミニズムもまた、生殖の主体としての男性という問題が表面化することを妨げてきたのは事実である。

フェミニストたちが「放っておいてくれた」からと言って、男性もまた生殖の当事者であり責任主体であるということを無視してよいわけはないだろう。それでは、〈産ませる性〉として無責任過ぎる。また、生殖における男性の主体性を問うことは、必ずしも女性の主体性を否定することにはならない。そうなるのは、男性だけを主体化し、女性を支配と操作の対象として客体化する場合に限られる。女性の身体をモノ化・道具化することなく、女性の主体性を認めつつ、平等で対等な関係の中で、男性の主体性を考えることは可能なはずだし、必要なことだというのが、私の立場である。

生殖における男性の主体性を考えるうえで一番大切な問題は何か。それは、射精行為を介した女性との身体的・生理的な関係と、精子を介した胎児との身体的・生理的な関係における、男性の責任である。男性の健康状態は、妊婦と胎児の健康状態に影響を与える要因の一つだ。ところが、リプロダクティブ・ヘルス（生殖における健康）の領域において、この問題が取り上げられることはほとんどなかった[8]。そこで、まず男性にとってのリプロダクティブ・ヘルスの問題を検討したい。

二　男性にとってのリプロダクティブ・ヘルス

リプロダクティブ・ヘルスとは、「人間の生殖システム、その機能と過程のすべての側面において、単に疾病、障害がないというだけでなく、身体的・精神的・社会的に完全に良好な状態にあること」である[9]。

男性は、精子の製造元・提供者としてまぎれもなく「人間の生殖システム」の一部であるし、性行為・生殖行為の（しばしば不平等な）パートナーとして社会的・政治的にも「人間の生殖システム」の一部である。身体的な健康と精神的・社会的健康とが密接不可分の関係にあることは言うまでもないが、ここでは狭い意味での身体的な健康と広い意味での精神的・社会的健康とに分けて、それぞれの側面における男性の問題を検討する。

(1)「身体的」健康[10]

男性は、性交の当事者としても精子の提供者としても、妊婦と胎児の身体的健康に影響を与えうる立場にいるはずだ。それなのに、なぜリプロダクティブ・ヘルスとの関連で男性が問題とされることはなかったのだろうか。

その最大の原因は、従来の医学が、長い間、不健康な精子に生殖力はないと断定していたからである。異常のある精子は、卵子にたどりつくことも、また卵子の細胞壁を破って「突入」することもできないから、男性の健康状態が受精卵に何らかの影響を与えることはないと信じられていた。男性中心の医学界では、異常のある弱い精子に生殖力はないはずだという信念があまりにも根強いために、精子の媒介する疾病に関する研究は異端視され、研究助成も得られなかったという。胎児に悪影響を与える可能性はもっぱら母体にあるとされ、母親の飲酒や喫煙、薬物使用は非難されても、父親の行動が問題になることはなかったのだ。そのため、妊婦と胎児の健康を守るための法規制も、妊婦の就業規制のように、女性のみを対象としたものになっているのである。

しかしながら、受精のメカニズムの研究が進み、異常のある精子でも卵子に進入可能であることが知られるようになると、男性が胎児に健康上の悪影響を及ぼす可能性が出てきた。そして、現在では、男性が直接的あるいは間接的に、胎児や妊婦の健康に大きな影響を与えることが医学的に証明され始めているのである。その影響は、精子の生殖力の低下による不妊だけでなく、流産、胎児の発育不全や異常、そして出生後の子どもの健康不良など広範囲にわたる。

直接的な要因としては、精子に異常があったり、精液に有害物質が含まれていたりといったことがある。間接的な要因としては、毛髪や衣服に付着した有害物質を男性が家庭に持ち帰るということがある。製造過程や使用過程で殺虫剤や除草剤に晒された男性の子どもには、白血病や脳腫瘍が多い。また、職場などでさまざまな化学物質や、鉛、水銀などの鉱物に晒された男性を夫に持つ妊婦は、そうでない妊婦に比して流産する比率が高い。飲酒とアルコール中毒、薬物使用など、男性の「生活習慣」も胎児と妊婦の健康に深刻な影響を与える。

(2)「精神的・社会的」健康

男性に固有な「精神的・社会的」健康の問題とは何だろうか。

真っ先に思いつくのは、男性の生殖力の持つ社会的意味の問題である。バイアグラ狂騒曲が如実に物語るように、生殖力を持つこと、それも強い生殖力を持つことは、男性性の根幹をなす。男性の生殖力に高い価値を置く文化は非常に多い(11)。また、男性同士の間で不能や不妊がスティグマになるような社会状況がある。不能や不妊が蔑視の対象となり、バイアグラを飲まないと不安になるような社会は、男性にとって健康ではない。男性セクシュアリティの社会的変革が、男性にとってのリプロダクティブ・ヘルスの問題として求められるのである。

次に、男性用の経口避妊薬が存在しないという問題がある。女性の生殖過程のほうが、男性に比して制御しやすいという医学的知見もあるようだが、経口避妊薬開発の歴史が、男性による医学支配と無縁であったかどうかは疑わしい。女性用の低容量ピル並みに使いやすい男性用の避妊薬は、避妊と家族計画における負担の平等化には不可欠である。また、パートナーの負担を減らすために、男性用の経口避妊薬があれば使いたいという男性は、意外に少なくないという。[12] コンドームかパイプカットくらいしか、「自分一人でできる避妊法」を持たない現在の男性は、ある意味では、さまざまな避妊手段を選べる女性よりも「不自由」な状態に置かれているのである。

生殖の領域における、男性にとっての「精神的・社会的」健康の問題は、今までほとんど議論されてこなかった。今後さらなる研究と議論が求められる。

三　男性にとってのリプロダクティブ・ライツ

リプロダクティブ・ライツとは、「すべてのカップルと個人がその子どもの数と、出産の間隔、そして時期を自由にかつ責任をもって決定すること、そしてそれを可能にする情報と手段を有することを基本的人権として承認し、また最高の水準のセクシュアル・ヘルスとリプロダクティブ・ヘルスを獲得する権利」

である。[13]

リプロダクティブ・ライツの主体は「女性」ではなく、「カップルと個人」であり、抽象的には男性をも含んでいる。しかし、リプロダクティブ・ライツは、従来もっぱら女性の権利すなわち〈産む性〉の権利として議論されてきた。とりわけ、「産む産まないは女が決める」というフェミニストのスローガンが示すように、「産め」とか「産むな」という男性（父親）の要求に対して行使しうる「女性の拒否権」、家父長制的生殖支配への「女性の抵抗権」として議論されてきたのである。その根拠は、妊娠から出産にかけてのヘルス・リスクを背負うのは女性であって、男性ではないということだ。子宮の中で胚を胎児へと育て上げるのは女性である。[14] リプロダクテイプ・ライツは、何よりも〈産む性〉に固有の権利として、「女性の自己決定権」として主張されてきたのである。[15]

(1) 権利を守る義務

それゆえ、〈産ませる性〉である男性には、なによりも女性の「自己決定権」としてのリプロダクティブ・ライツを承認し、尊重する義務がある。なぜならば、他人の身体を、その人の意に反してまでも、自己の目的のために使用する権限は、誰も持ち得ないからである。さもなければ、奴隷制を肯定することになってしまう。

たしかに、妊娠には精子がかかわっており、その意味で男性は無関係ではない。しかし、単に精子の提供者であるというだけでは、「産ませる権利」も「産ませない権利」も生じないと考えるべきである。それは、生殖における男性の主体性と女性の主体性とでは、重みが違うからだ。精子を通して男性が提供するのは、生命の設計図の半分に過ぎない。これに対して、女性は、設計図の残りの半分を提供するだけでなく、九カ月間の妊娠期間を通して、自分の体内で胎児を育む。現在でも、出産は「命がけ」であり、出産の危険は人工妊娠中絶の危険よりも大きい。生殖においては、身体的負担は圧倒的に女性にかかる。たとえジェンダー間の経済的・社会的・政治的不平等がすべて解消され、女性の自立が確保されたとしても、この身体的負担が軽減されることはない。

これだけ非対称で不均等な関係にある以上、妊娠について男性が女性と対等な発言権を持つことは、衡《こう》平《へい》さと公平さを欠く。したがって、「産む産まない」という生殖の自由は、「彼女の権利」でなければならないのだ。[16] 家父長制と男性優位を否定し、ジェンダー間の公正と正義を擁護して、「支配しない男」であろうとするならば、男性は、まず「女性の権利を守る義務」を引き受けるべきなのだ。

さらに、妊娠する可能性を承知のうえで性交するということには、相手の女性が妊娠した場合には、そして彼女が出産を選ぶならば、「子どもの最善の利益」のために、その子の扶養義務を引き受けるという暗黙の同意を含むと考えるべきだ。[17] そうなると、男性には、「子どもの権利を守る義務」も課せられることとなる。[18]

「子どもの権利を守る義務」は、出生後にのみ生じるわけではない。むしろ、妊娠中あるいは性交以前の義務のほうが重要だとも言える。それは、前節で明らかにしたように、男性は、直接的・間接的に、妊婦と胎児の健康に多大な影響を与える立場にあるからだ。もしも喫煙や飲酒、麻薬使用が妊婦や胎児に危害を加えるとしたら、そのような加害行為を行う男性には刑事責任あるいは民事上の不法行為責任が生じるのではないだろうか。

実際、アメリカでは、妊娠中に薬物を使用した母親が、胎児に対する薬物提供、胎児虐待、流産の場合には故殺罪《こさつざい》（故意なき殺人の罪）で刑事訴追されている[19]。男性の薬物使用が胎児の健康を害するという研究を深刻に受け止めるなら、父親が同様の罪で訴追されてもおかしくないはずだ。イギリスでは、刑事責任は問われないが、民事責任は問われる。一九七六年の先天性障害（民事責任）法では、妊娠中の過失が障害の原因として認められる場合には、一定の先天性障害を持って生まれた子どもが親に損害賠償を求める権利を認めている[20]。だが、イギリスでも、父親については、因果関係の立証が困難であるとして、責任を追求されないことが多いようである。しかし、もしも母親の行為が胎児の権利侵害として問われるのであれば、父親の行為も同様に問われなければならない。男性の「子どもの権利を守る義務」は、養育費を払うことだけではないのだ。

さらに、環境ホルモンや職場の化学物質が男性に媒介されて妊婦と胎児に影響を与えるとすれば、妊婦と胎児の健康を守るために、妊婦や出産年齢女性に対する就業規制と同様の規制が、男性にも課せられるべきである[21]。男性が「権利を守る義務」を果たせるように、男性のリプロダクティブ・ヘルスを保護する責任が、企業や国家にもあるはずなのだ。

(2) 義務を果たす権利

以上、男性にとってのリプロダクテイプ・ライツの考察を通して明らかになったのは、まず男性に求められるのは「女性の権利を守る義務」と「子どもの権利を守る義務」だということである。自由に主体的に性交する結果、生殖する主体としての男性には、まず責任のみが生じると言ってもよい。それが、男性にとっての性的自由の前提となる。自由は、責任をともなう。男性に課せられる「権利を守る義務」は、性と生殖のパートナーである女性との関係における義務、精子の提供者としての胎児との関係における義務である。

義務は果たさなければならない。しかし、義務を果たすには、それなりの資源が必要だ。たとえば、避妊コストを女性と対等かつ平等に負担するには、男性用の経口避妊薬がほしい。養育費を払うには、収入がなければならない。収入を得るには仕事が必要である。健康な精子を提供するには、有害な化学物質のない環境で働けることが前提となる。妊婦に過重なストレスをかけないために、男性が家事負担を増加させなければならないとすれば、男性にも出産休業が必要だろう。要するに、経済的・社会的・政治的なサポート体制がなければ、「権利を守る義務」を果たすことはできない。

そこで、男性のリプロダクテイプ・ライツとして、「義務を果たす権利」というものを主張したい。男性が、カップルとして、あるいは個人として、女性とともに、自分（たち）の「子どもの数と、出産の間隔、そして時期を自由にかつ責任をもって決定すること」ができるためには、「女性の権利を守る義務」と「子どもの権利を守る義務」とが男性に課せられる。そうだとすれば、「それを可能にする情報と手段を有すること」には、男性が生殖義務を果たせるように、経済的・社会的・政治的環境を変革することが含まれなければならない。「義務を果たす権利」を男性に保障することが、国家と社会に求められる。

おわりに

「義務を果たす権利」を私に気づかせてくれたのは、幼い息子の笑顔であった。毎晩のお風呂は、産婦人科を退院して帰宅して以来、父親である私の義務となった。息子が六カ月くらいだったか一歳くらいの時だったか、記憶は定かではないが、ある夜、会議で遅く帰宅した私を待っていたのは、欲求不満で泣き叫ぶ息子と困惑した妻だった。夕食も後回しにして、とにかく息子とお風呂に入った。洗い場に座っておもちゃで遊びながら、彼は私を振り返り、満面の笑みを浮かべた。彼の笑顔は、私に何とも言えない満足感を与えてくれた。そのとき、私は確信したのだ。「この子には、私と一緒にお風呂に入る権利がある。私には、彼の権利に応える義務がある。そして、その義務を果たすことは私の喜びなのだ。それなのに、職場が私のじゃまをするのは許せない。私には、息子に対する義務を果たす権利があるはずだ」と。

残業がきつくて、子どもと過ごす時間を取れない父親がいる。交替要員が見つからず、育児休業を取れない父親がいる。妻や子どもに対する義務を感じ、義務を果たしたいと思いつつ、果たせないで悩んでいる男たちが少なくない。「義務を果たす権利」を、現代日本社会は保障していないからである。男性の社会権としてのリプロダクティブ・ライツが切に求められているのである。

それは、生殖という観点から見直した、男（父）の労働権．男（父）の健康権、男（父）の環境権などを含むものだ。さらに、育児する権利も、「子どもに対する義務を果たす権利」として、広い意味でのリプロダクティブ・ライツと考えてよい。男性にとってのリプロダクティブ・ライツを求める闘いは、まだまだ始まったばかりである。

第四章　家事・育児する男は少子化を止めるか？

はじめに

広く巷間に流布する「少子化対策」言説に、男性の家事・育児参加が女性の結婚・出産を促すはずだというものがある。たとえば『平成16年版少子化社会白書（全体版）』は、「第2章　なぜ少子化が進行しているのか」の中で、男性の家事時間が極端に短く、帰宅時間も遅いことを指摘したうえで、「仕事にかける時間とのバランスをとりつつ育児にかける親の時間を増やすこと、とくに、男性（父親）の育児時間を増やすことが、女性（母親）の負担軽減、ひいては出生率の回復や健全な子育てに資するものと考えられる」[1]（強調は引用者）と述べている。本当にそうなのだろうか。

たしかに、男性の家事・育児参加が期待できる女性は、そうでない女性に比べて二子目の出産意欲が高いという調査もある。[2]しかし、赤川学によれば、[3]既存のデータから見る限り、夫の家事・育児参加と出生数とに相関関係は認められない。赤川は、それゆえ、夫の家事・育児参加は少子化を喰い止めるはずだという主張には実証的な根拠がないと述べている。

ここでは、次の二点を主張したい。第一点は、夫が家事と育児に積極的に関与するからといって、出生数が増加するとは限らないということである。第二点は、家事・育児に熱心な夫であればあるほど、多くの子どもは望まない可能性があるということである。

私の主張の出発点となるのは、私自身の個人的な経験だ。私は家事にも育児にも熱心な夫の一人であるが、我が家は一人っ子である。なぜか。それは、私自身が二人目を望まなかったからだ。そして、その最大の理由は、仕事と家庭のバランスを、私自身が考えたからだ。日常的に相当の時間を家事と育児に実際にかけた経験を持つからこそ、私自身が「もう一人は無理だ」と判断したのである。もちろん、妻も同意見であったが。ふと周りを見回すと、私と同じように家事と育児に熱心な男性の友人たちも、どうも一人っ子の父が多いようだ。もしかしたら、私同様、仕事をしながら家事と育児に勤《いそ》しんでいると、とても二人目は無理だと感じたのではないだろうか。

私や私の友人たちの限られた「個人的な経験」がある程度一般化できるとしたら、男性の家事・育児参加は、出生率を高めない可能性が出てくる。それどころか、家事・育児体験は、男性に少子化を望ませるのではないか。少子化の要因として、男性（父親）の出生意欲も重要なのではないか。これが、ここで考察したい問題である。

もう一つ考えなければならないのは、結婚しない男性、結婚を望まない男性が増えているのではないかという問題だ。男性の未婚率上昇については、結婚できない男性が増えていると解釈するのが一般的だが、注意深く見ると、むしろ積極的に非婚を選ぶ男性が増えているようなのだ。少子化の最大の要因は晩婚化と非婚化であると指摘されているが、その要因を女性側に探る研究は見られても、男性側に探る研究はほとんどなかった。男性の結婚意欲が低下している可能性は、問われることさえないのである。本当に、男性は相変わらず結婚を望んでいるのだろうか。女性の意識変化に対応できず、結婚したくてもできない男性が増えているというイメージが巷に広がっているが、それは正しいのだろうか。もしかすると、男性にとって結婚は必需品ではなくなってきたのではないか。それどころか、結婚とはできれば避けたい重荷になっているのではないか。こうした点についても、考えてみたい。

そのために、少子化を「男性問題」として捉え、男性の結婚観・子ども観の変化を検討する。そして、結婚と家族に関する男性の意識変化が少子化と密接に関係しているという仮説を、試論的に提示する。

一　止まらない少子化

(1)　世界的な少子化傾向

図4が示すように、いわゆる先進諸国では一九六〇年代半ばから合計特殊出生率（以下、出生率と略記）が低下し、一九八〇年代には図中のすべての国で出生率は二・〇を下回るようになった。人口維持に必要な最低限度の出生率は二・〇七（人口置換水準＝現在の人口を維持する水準）と言われており、先進諸国は人口減少という問題に直面したわけである。その結果、各国ともさまざまな政策を取って出生率を上昇

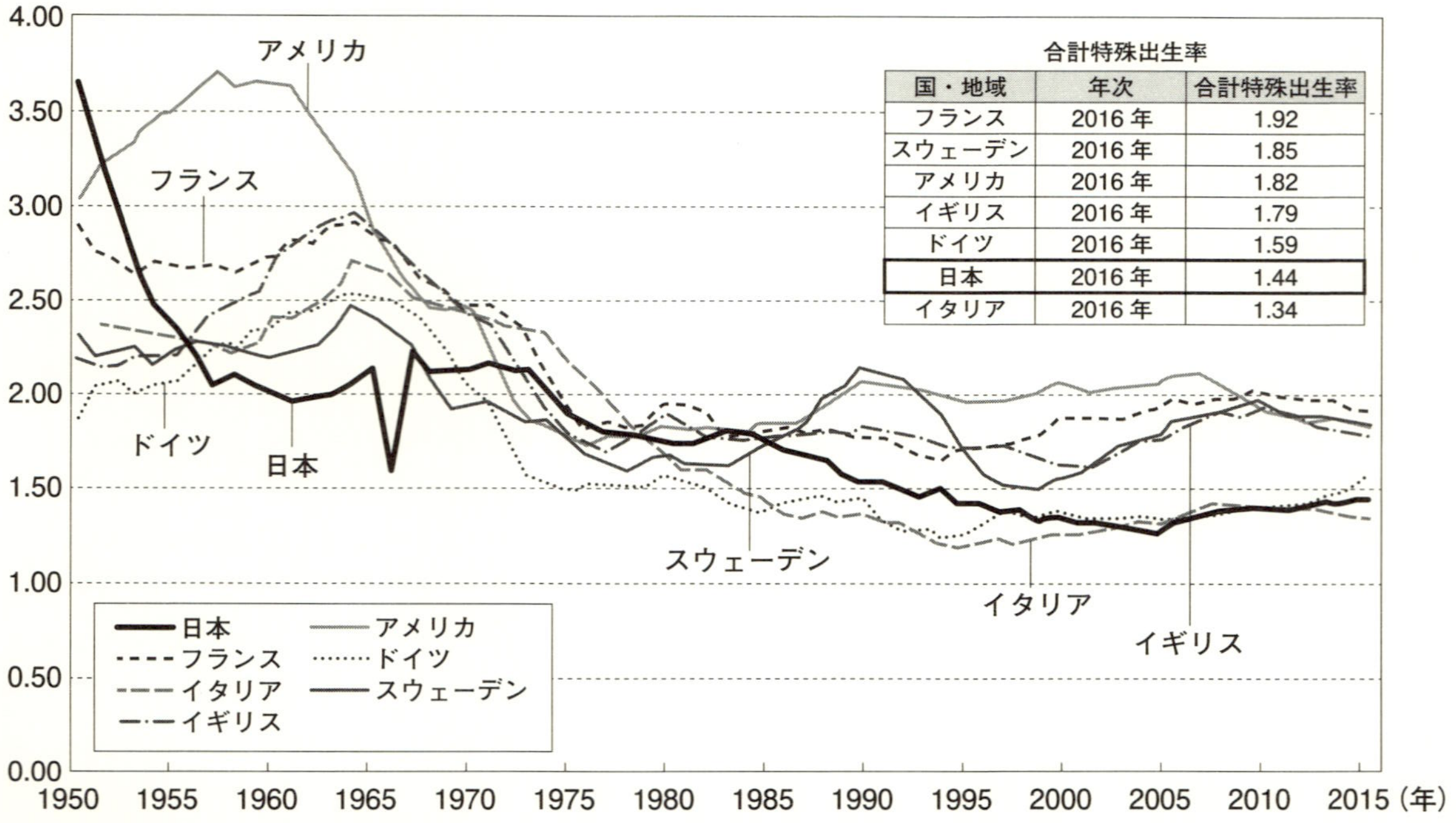

合計特殊出生率

国・地域	年次	合計特殊出生率
フランス	2016 年	1.92
スウェーデン	2016 年	1.85
アメリカ	2016 年	1.82
イギリス	2016 年	1.79
ドイツ	2016 年	1.59
日本	2016 年	1.44
イタリア	2016 年	1.34

図４　欧米諸国と日本の合計特殊出生率の動き　（出所）内閣府（2018，７頁）

させようと努めるようになる。

育児支援政策モデル国と言われるスウェーデンでは、一九九〇年に人口置換水準を上回る二・一四まで回復したが、すぐに減少に転じ、一九九九年には一・五まで落ち込み、二〇〇〇年代に再び緩やかに上昇したものの、人口置換水準に届くことなく、二〇一〇年代には緩やかな減少傾向にある。もう一つ、フランスは、婚外子を差別せず、すべての子どもに対する手厚い助成金制度を実施して少子化傾向を反転させた国と言われることが多い。たしかに、一九九〇年代半ばから二〇一〇年まで緩やかに出生率は上昇したが、人口置換水準を回復するには至らず、二〇一一年からは二・〇を下回って微減傾向にある。

上野千鶴子は、こうした国の一時的な出生率の上昇は、「カレンダー効果」（出産を遅らせていた人々が一時的に産む時期が集中する現象、遅かれ早かれいずれにしても産むはずだった人々が出産に踏み切っただけで、出生率そのものには影響しない）と述べている。[4] つまり、バブルだというわけだ。

アメリカは、他の国とは異なる変化のパターンを示しており、二〇〇〇年代後半には出生率が一時的に人口置換水準を越えた。しかし、そのアメリカも二〇一〇年代に入ると、出生率は二・〇以下になっている。

イタリアを除き、図4中の国はどこも日本より出生率は高いが、すべての国の出生率が長期にわたって人口置換水準以下であり、少子化を「克服」して人口維持政策に成功している国があるとは見なせない。

実は、発展途上国でも出生率は低下傾向にあり、少子化は全世界的に進んでいる。二〇五〇年には世界人口は減少に転じるという予測もあるほどだ。[5] 要するに、少子化は世界共通の現象であり、日本の少子化は、ほぼ世界と同じペースで進んでいるのである。そして、政策的な介入によってこの流れを反転させた国は今のところ存在しないのである。

(2) 日本の少子化

それでは、日本における出生率の低下について、もう少し詳しく見てみよう。少子化の進展は、晩婚化と未婚化（非婚化）によって説明されることが多い。出産が婚姻内に限られる傾向の強い日本では、晩婚化は出産年齢を引き上げることで、未婚化は同年代の出産数を減少させることで、出生率を低下させるからだ。

晩婚化とは、初婚年齢が上昇することだが、日本人の平均初婚年齢は、一九七五年には、男性は二七・〇歳、女性は二四・七歳であったが、一貫して上昇を続けており、二〇〇五年には男性二九・八歳、女性二八・〇歳と三〇歳に迫り、その後上昇率は鈍化したものの、二〇一五年には男性三一・一歳、女性二九・四歳となり、二〇一六年は横ばいの状態である。[6]

未婚化の進展も著しい。二五―二九歳の層の未婚率は、一九八五年に男性六〇・六%、女性三〇・六%であったが、二〇一五年には男性七二・七%、女性六一・三%となり、三五―三九歳の層では、一九八五年に男性一四・二%、女性六・六%だったが、二〇一五年には男性三五・〇%、女性二三・九%となっている。[7]三〇代後半の男性の三人に一人以上が未婚という状況が出現している。さらに、五〇歳時の未婚率を見ると、一九九五年までは男女とも一桁台であったが、二〇〇〇年には男性一二・六%、女性五・八%

となり、二〇一五年には男性二三・四％、女性一四・一％に達している。[8] 今や、五〇歳の男性の約四人に一人が未婚なのである。未婚率の上昇というと、「結婚しない女」ばかりに注目が集まるが、「結婚しない男」の増加にもっと注目すべきであろう。この点については、後に詳しく検討する。

このように、晩婚者と未婚者（非婚者）が大きく増加していることが、少子化を推し進めているわけである。

次に、既婚者の出生パターンを見てみよう。国立社会保障・人口問題研究所の調査によると、[9] 夫婦の完結出生児数（婚姻持続期間一五―一九年の夫婦の出生児数）は、一九四〇年の平均四・三人から一九七二年の平均二・二人までは減少を続けたが、一九七二年から二〇〇二年までは平均二・一九―二・二三の間を前後し、驚くほど一定していた。それが、二〇〇五年には二・〇九に減少し、二〇一〇年には一・九六、二〇一五年には一・九四と、二〇一〇年代に入って二を下回るようになったのである。[10] つまり、近年になって、子どもを二人持たない夫婦が増えているようなのだ。

実際、子どもが一人だけという夫婦の比率は、一九七七年から二〇〇五年までは九・三―一一・七％であったものが、二〇一〇年には一五・九％、二〇一五年には一八・六％と増加している。[11] 妻の初婚時の年齢が高いほど、また妻の学歴が高いほど、完結出生児数が低下する傾向にあることを加味すると、[12] 晩婚化・未婚化（非婚化）とともに、既婚夫婦の出生児数の減少が、少子化に拍車をかけ始めているということは明らかだ。

二　変容する男性の結婚観・子ども観

このような少子化の要因として、男性の結婚観・子ども観の変化に注目したい。結婚観とは、結婚を望むか否か、望むとしたら、何歳くらいに、どのような相手との結婚を望むか、何のために結婚するのかといった点に関する意識を指す。また子ども観とは、親である自分にとって子どもがどのような価値を有するかという点に関する意識を指す。

(1)　結婚観の変容

まず、一八歳から三四歳までの独身男女を対象とした国立社会保障・人口問題研究所の調査結果から、[13]男性の結婚意欲の変容を探ってみよう。「いずれ結婚するつもり」と答える男性の比率は、一九八七年の九一・八%から一貫して下がり続け、二〇一五年には八五・七%となった。これに対して、「一生結婚するつもりはない」という回答は、一九八七年には四・五%だったものが、二〇一五年には一二・〇%に達している。今や、およそ八人に一人の未婚男性が、生涯非婚を貫くと言っているのである。一方、女性について見ると、同様に非婚志向は上昇しているが、二〇一五年に「一生結婚するつもりはない」と答えた未婚女性は八・〇%であり、その比率は男性より低い。男性のほうが、非婚志向が高まっているのである。

「結婚に利点はない」と考える男性は、一九八七年の調査では二五・四%であったが、少しずつ増加して二〇〇二年には三三・一％に達し、二〇〇五年に一時二八・六％に下がったが、二〇一〇年は三四・三％、二〇一五年は三三・三％となっている。[14]近年は、男性の三人に一人が結婚に利点はないと答えているわけである。注目すべきは、この比率は、一貫して女性より高いということだ。「結婚に利点はない」と答える女性は一九八七年から二〇〇二年にかけては二五％前後であったが、二〇〇五年から二〇一五年にかけては二一％前後と微減している。世間の常識に反して、女性よりも男性のほうが結婚にメリットを感じない率が高いのである。

以上から、結婚を望まない男性、結婚に利点を見出さない男性が、着実に増えていることがわかる。

次に、結婚意思を持つ未婚者のうち、「ある程度の年齢までには結婚するつもり」か、「理想的な相手が見つかるまで結婚しなくてもかまわない」かを問う質問に対する回答の変化を見ると、男女ともに、一九八七年から一九九七年にかけては、前者が減り続け、理想の相手が見つかるまで待つと答える比率が五割を越えたのだが、二〇〇五年から二〇一五年にかけては、ある程度の年齢までに結婚するという回答が増加し、過半数を少し越えている。[15]いつまでも理想の相手の出現を待ち続けていても仕方がないと考える男女が近年になって増えているのかもしれない。しかし、結婚意思のある未婚者に独身でいる理由を問う質問に対して、二五—三四歳の層の回答で一番多いのは、男女ともに、一九九二年から二〇一五年まで一貫して「適当な相手にめぐり逢わない」[16]というものであるところを見ると、理想の相手の出現を待ち続ける未婚者が多いことがうかがわれる。男性に限っては、次いで多い回答は、やはり同時期を通して「まだ必要性を感じない」であり、ほぼ同率で「結婚資金が足りない」という回答もあるものの、やはりほぼ同率で「自由さや気楽さを失いたくない」[17]という回答があることから、二〇代後半から三〇代前半にかけても、結婚する積極的な誘因は乏しいのが実情のようである。要するに、「いずれは結婚するつもり」であっても、現代の男性は結婚を急いではいないのである。

その背景として、結婚のメリットについての考え方の変化を検討してみよう。

国立社会保障・人口問題研究所の調査によると、[18]「今のあなたにとって、結婚することは何か利点があると思いますか」という問いに、「利点があると思う」と答えた男性は、一九八七年には六九・一％であったが、二〇〇二年に六二・三％まで減少した後、多少の増減を繰り返しながら六〇％台を推移し、二〇一五年は六四・三％であった。対照的に、結婚に利点があると回答する女性は、一九八七年から二〇〇二年までは七〇％前後で推移した後、増加傾向に転じ、二〇一五年には七七・八％となっている。結婚にメリットがあると考える男性は、女性より少ないということを、まず確認しておきたい。

それでは、具体的には結婚にどのようなメリットがあると考えられているのだろうか。図5を見ると、男性の過半数以上が選択した項目が一つもないことがわかる。衆目の一致する結婚のメリットは、存在しないのである。比較的多くの回答者が選択している項目は、「自分の子どもや家族を持てる」と「精神的な安らぎの場が得られる」の二つであるが、この二つを選ぶ回答者の比率には、大きな、そして対照的な変化が見られる。「自分の子どもや家族を持てる」の比率は次第に増加しており、二〇〇五年に三〇％を超え、二〇一五年には三五・八％となった。一方、「精神的な安らぎの場が得られる」の比率は、一九八七年から二〇〇五年まで最も高い比率を示していたが、二〇一〇年から減少し、二〇一五年には三一・一

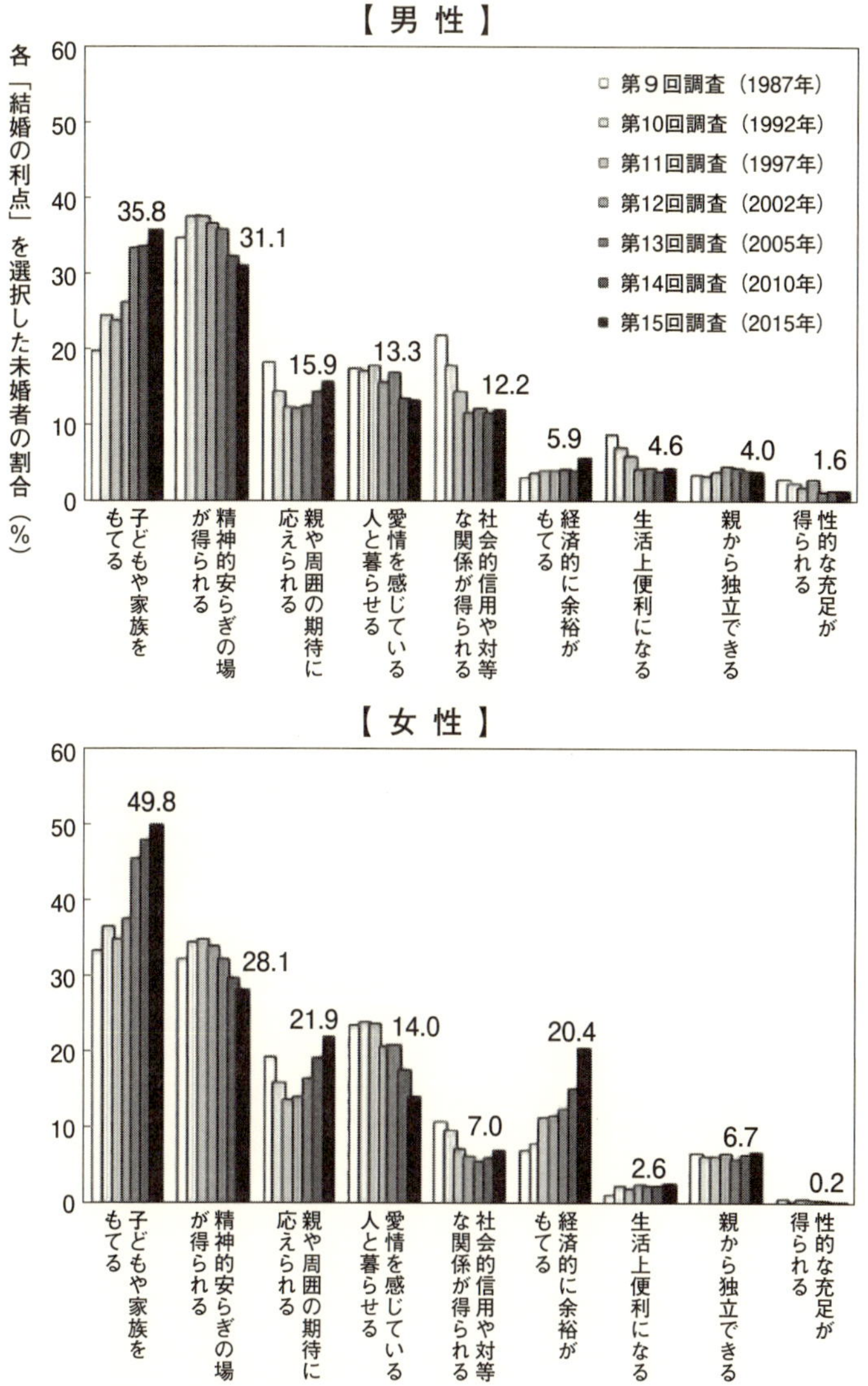

図５　未婚者の選択した「結婚の利点」
（出所）国立社会保障・人口問題研究所（2017, 18頁）

%となった。次に顕著な変化が見られるのは「社会的信用を得たり、周囲と対等になれる」という回答の比率だ。一九八七年には二〇%を越えていたが、二〇〇二年には一二%まで減少し、その後ほぼ同水準で推移している。「生活上便利になる」という回答も、一九八七年には八%あったが、二〇〇二年には四%まで減少し、その後ほぼ同水準に留まっている。興味深いのは、「親や周囲の期待に応えられる」という回答の比率が、一九八七年から二〇〇二年まで減少傾向にあったのに、その後は増加傾向を示している点である。女性の回答パターンの変化は、ほぼ男性と同様である。唯一の違いは、「経済的に余裕がもてる」を選ぶ女性が増加傾向にあり、二〇一五年には二〇%を越えたという点だけである。以上から、次のような状況が読み取れる。

第一に、社会面でも生活面でも、男性にとって結婚は「必需品」ではないということだ。社会的な信用や地位のために必要なことでもないし、生活の便利のために必要なことでもない。精神的な憩いの場でさえなくなり始めている可能性がある。会社で一人前と見なされるために結婚しようとか、身の回りの世話をしてほしいから、あるいは安らぎを与えてほしいから結婚しようという男性は、どんどん減っているということだ。実生活ではともかく、少なくとも意識の上では、「妻のケア労働」を期待しない男性が増えているのである。それどころか、結婚（とそれにともなう妻子の扶養）は、経済的なデメリットであるという考えさえ生まれている。マスコミでセンセーショナルに取り上げられたが、妻と子どもと家のローンはサラリーマン男性を拘束する「人生の三大不良債権」と言われる時代になったのである。(19)

第二に、現代の男性が結婚に踏み切るのは、理想的なパートナーとめぐり合ったうえで、そのパートナーと子どもを持ち、家族を形成しようという気持ちになった時だということである。「自分の子どもや家族が持てる」というのが、ほとんど唯一の結婚のメリットなのである。このメリットを欲しない限り、結婚する理由がない。いわゆる「できちゃった婚」の増加は、この点の傍証となる。厚生労働省の推計によると、[20]「結婚期間が妊娠期間より短い出生（つまり「できちゃった婚」）」が第一子の出生に占める割合は、一九八〇年には一二・六％であったが、二〇〇〇年には二六・三％に達した後は、ほぼ二六―二七％で推移しており、二〇〇九年は二五・三％であった。子を持つ夫婦の四組に一組は、「できちゃった婚」というわけである。パーナーの妊娠に際して、中絶というオプションを選ばず、「子を持って家族する」決意を固めた時、ようやく結婚に至るカップルが多いのである。すなわち、父・母・子という関係性の形成と維持に価値を見出し、そのような関係性を創るために、パートナーとともに、子どもを生み育てようという決断を下した時、初めて結婚に踏み切るというわけである。

まとめると、結婚にメリットを感じない男たち、結婚の必要性を感じない男たちは、着実に増加している。そして、結婚する男たちも、結婚でしか得られない何かを見出した場合にのみ、結婚を選択すべきであるという意識を持つようになってきているようなのだ。そして、その何かとは、子どものいる家族という関係性と言えそうだ。男性の結婚観は、「当然だから、必要だからするもの」から「家族したい時だけ選ぶもの」へと大きく変わってきているのである。

(2) 子ども観の変容

なぜ子どもを持つのかについても、男性の考え方は変化していると思われる。男性の子ども観の変化を探ってみよう。

時系列的に比較できるデータがないので、傾向性を分析することはできないが、厚生労働省の調査結果から、[21] 現状を分析することはできる。年齢と家族形態によって男性を七つのカテゴリーに分け、それぞれについて、子どもの位置づけに対する回答の頻度分布を示したのが表1である。

いずれのカテゴリーの男性も、子どもを「生きがい・喜び・希望」、「無償の愛を捧げる対象」、「夫婦の絆を深めるもの」、「独立した一人の人間」とする回答を選ぶ傾向が強い。[22] これに対して、「社会的資産」と「老後の面倒を見てくれる人」と回答する比率は、おしなべて低い。現代の男性たちが子どもに見出しているのは、公共的な価値でもなく、老後の保障としての実用的な価値でもなく、自分自身の生きがいや喜び、夫婦の絆の深まりといった精神的な価値なのである。[23] 国立社会保障・人口問題研究所の調査でも、子どもを持つ理由は「子どもがいると生活が楽しく豊かになるから」という回答が二〇一五年は最も多く、性別・世代・未既婚を問わず、七割前後に達している。[24]

興味深いのは、「自分の血を後世に残せるもの」とか「自分の分身」という回答を選ぶ比率は、独身男性または子無し男性のほうが高く、子持ち男性では低いことである。柏木恵子の言う、「子どもを観念的に捉え、子どもをもつことに社会的価値を重視する傾向[25]」は、どうやら実際に子育てを体験している父親よりも、そうではない男性のほうが強いようである。

表1　子どもの位置づけ

(%)

	生きがい・喜び・希望	無償の愛を捧げる対象	夫婦の絆を深めるもの	独立した一人の人間	自分の血を後世に残せるもの	自分の分身	社会的資産	配偶者の分身	経済的負担を与えるもの	老後の面倒を見てくれる人	精神的負担を与えるもの	ライバル	その他
若年独身男性（20〜32歳の未婚男性）	70.7	40	36.7	31.3	31.3	15.3	7.3	4	4	4	3.3	3.3	0
継続独身男性（33〜49歳の未婚・死別・離別男性）	64.7	23.3	27.3	30	37.3	22.7	12.7	4	4.7	6	2.7	0	3.3
若年無子家族男性（20〜49歳の男性、妻20〜31歳、子ども無し）	66	36.7	46	28	32	21.3	3.3	8.7	4.7	2	1.3	0	1.3
継続無子家族男性（20〜49歳の男性、妻32〜49歳、子ども無し）	55.3	30	33.3	30.7	44.7	22.7	7.3	8	4	2	1.3	1.3	1.3
若年一人っ子家族男性（20〜49歳の男性、妻20〜31歳、子ども1人）	88.7	59.3	42.7	15.3	20	24	4.7	4.7	1.3	2.7	0.7	2	0
継続一人っ子家族男性（20〜49歳の男性、妻32〜49歳、子ども1人）	73.3	47.3	37.3	35.3	20	19.3	7.3	4	2.7	1.3	2	1.3	2
複数子家族男性（20〜49歳の男性、妻20〜49歳、子ども2人以上）	81.3	46.7	48	34.7	17.3	17.3	10	4.7	3.3	2	1.3	1.3	0.7

出所：厚生労働省雇用均等・児童家庭局『少子化に関する意識調査研究報告書』（2004）のデータを元に、筆者作成

また、表1から明らかなことは、ほとんどの男性が、子どもを経済的負担、精神的負担とは見なしていないという点である。これは、実際の育児を楽しんでいるからなのか、それとも妻任せで自分は負担を負っていないからなのかは不明である。しかし、子育てに負担感を抱かない男性が多いことは注目に値する。

次に、子どものある男性は、育児参加する意識を強く持っているようだ[26]。「妻の仕事の有無にかかわらず、夫は育児に積極的にかかわるべきだ」という意見に、「継続一人っ子家族男性」の四六・〇%、「複数子家族男性」の三八・〇%が、「とてもそう思う」と答えており、これに「少しそう思う」を加えると、どちらも九割を越える。また、「子どもに対する父親・母親の役割を区別すべきでない」という意見には、「継続一人っ子家族男性」の二四・七%、「複数子家族男性」の二〇・〇%が、「とてもそう思う」と答えており、これに「少しそう思う」を加えると、どちらも三分の二以上になる[27]。建前に過ぎないのかもしれないが、父親たちは積極的に育児参加すべきと答えているのである。

育児雑誌の記事を分析した高橋均によると、一九七〇—八〇年代には、父親の「不在」を問題視し、より積極的な育児参加を提唱する記事が目立つのに対し、一九九〇年代に入ると、実際に育児に参加する父親、育児に悩む父親などを具体的に描く記事が増えるという[28]。「昭和期の父親は、仕事中心の生活で、育児にかかわらない・かかわれないことが普通であったが、平成期にあっては、母親とともに育児にかかわる父親像が明確に描かれている」[29]のである。令和期はどうなるだろうか。

さらに、柏木恵子の表現を借りるなら、男性にとっても、子どもは「授かる」ものから「つくる」ものへと変化している[30]。子どもを「つくる」かどうか話し合う夫婦は、二〇代では九三・五%に達するという報告もある。[31] 若い男性たちは、パートナーとともに、子どもを持つか持たないかを考えているということだ。子どもを「つくる」という選択をするのは、父・母・子という関係性を形成し、親子関係を持ちたい、「家族したい」と考えるからなのである。

この点は、表1における「継続無子家族男性」、「継続一人っ子家族男性」、「複数子家族男性」の子どもの位置づけの違いにも現れている。子どもの精神的な価値に関する三つの問いに対する回答に、顕著な差が見られるのである。まず、子どもを「生きがい・喜び・希望」と考える比率は、「継続無子家族男性」が五五％で最も低く、「複数子家族男性」が八一％で最も高い。次に、子どもを「無償の愛を捧げる対象」と考える比率は、「継続無子家族男性」が三〇％、「継続一人っ子家族男性」と「複数子家族男性」が四七％であり、大きな差がある。そして、子どもを「夫婦の絆を深めるもの」と考える比率は、「継続無子家族男性」と「継続一人っ子家族男性」が三〇％台であるのに対して、「複数子家族男性」では四八％に上《のぼ》る。以上を総合すると、子どもの精神的価値を認める度合いの高さと、子どもの数とには、緩やかな相関が見られるのである。なお、「継続一人っ子家族」は、他のグループに比して、そもそも「晩婚、晩産の傾向にある」[32] のだが、その理由は子どもの精神的価値が、たとえば「複数子家族」よりも相対的に低いからではないだろうか。

子どもの価値の違いは、「理想の子ども数」の差にも現れている。[33] 「継続一人っ子家族男性」では、理想の子ども数は二人が最も多く六四％、次いで三人が二八％であり、一人が六％である。対照的に、「複数子家族男性」では、理想の子ども数は三人が最も多く五七％、次いで二人が三三％であり、一人は〇％である。この理想の子ども数の違いは大きい。なぜなら、理想が二人である場合に二人目を望む度合いと、理想が三人である場合に二人目を望む度合いとは、その強さが異なるからである。この点については、後に改めて取り上げる。

「理想の子ども数」については国立社会保障・人口問題研究所も継続的に調査しており、未婚男性の平均希望子ども数は、一貫して減少傾向にある。[34]その原因は、希望子ども数二人の比率は概ね六割台を維持しているにもかかわらず、三人以上を希望する比率が一九八二年の三四・九％から二〇一五年は一六・三％へと減少しているのに対して、一人を希望する比率が一九八二年の三・一％から二〇一五年は八・八％へと上昇し、〇人つまり子どもは要らないという比率も一九八二年の二・三％から二〇一五年は八・五％へと上昇しているからである。[35]女性もほぼ同様の傾向を示している。[36]既婚者についても結果は同様で、妻のみの回答であるが、理想子ども数は二人以上が圧倒的に多いが、一人または〇人も二〇一五年には合計七・五％存在し、予定子ども数になると、一人または〇人と答える比率が二〇一五年では合計一九・九％となっている。[37]

まとめると、近年の男性は、子どもとは愛情を注ぐべき、すなわちケアすべき対象と考えており、子どもを持って家族することで生活が楽しく豊かになるという子ども観を持っていると言えそうである。

三　男性の結婚観・子ども観と少子化

以上の分析が示すような男性の結婚観・子ども観は、出生行動にどのような影響を与えるのだろうか。もはや「必需品」ではない結婚を選ばない男たち、理想のパートナーが見つかるまで結婚を延期（しばしば無期限に延期）する男たちは、晩婚化・未婚化（非婚化）を通して、少子化を直接的に促進する。問題は、「子どもをつくって家族したい」という男たちが、どのような出生行動を取るかということだろう。本節では、この点を検討する。

(1) 子どもの「効用」

私は、「子どもをつくって家族したい」男たちは一人っ子で満足する可能性が高いと主張したい。彼らは、よほどの好条件が揃わない限り、二子目の出生には踏み切らないだろう。私はまた、家事・育児に積極的に参加する父親であればあるほど、二子目の出生を躊躇すると主張したい。以下、この私の主張を理論的にモデル化してみたい。

そのために、まず子どもの「効用」を考える。赤川学によると、「子どもを持とうとする動機、ないし子どもの効用としては、①子どもが親にとって喜びや満足の源泉になるという『消費効用』、②子どもが働いてお金を稼いでくれる『労働効用』、③親が老齢になったときに子どもが面倒をみてくれるという『生活保障効用』が指摘されるのが定番[38]」だそうだ。これに私は、④家族の結びつきを強めてくれるという「家族維持効用」を加えたいと思う。家族維持の目的は、それによって喜びや満足をうることであるから、④は①の消費効用に含まれると考えることもできる。しかし、子どもが直接的にもたらす消費効用（かわいい子ども服を着せて楽しむなど）と、他の家族構成員との相互作用によって生み出す消費効用（親子で一緒にディズニーランドに行くなど）とを区別する意味で、あえて別カテゴリーとして設定したい。

前節で示したように、現代の男性が子どもに見出す価値すなわち効用は、①と④に限られる。子どもを労働力あるいは収入源として利用しようと考える親は、自営業は別として、ほとんどいないのが現状だろう。それゆえ、厚生労働省の調査では、子どもの位置づけに関する質問への回答の選択肢に入ってさえいない[39]。また、「老後の面倒を見てもらう人」として子どもを位置づける男性も、非常に少なかった。したがって、②と③をモデルに組み込む必要はない。

ここで重要なのは、①の「消費効用」には、「限界効用逓減の法則」が当てはまるということだ。しかも、子どもは、住宅や自家用車、大型家電製品などの耐久消費財と同じように、高価値のものを少数持ちたいと思うような「消費財」である[40]。したがって、子どもの「消費効用」は、限界効用の逓減率が大きい。

子どもから得る喜びや満足は、子どもがいないときはゼロであるから、子どもが一人いることによって、いないときとは「比べようもなく」大きなものとなる。しかし、子どもが二人になったからと言って、喜びや満足が二倍になるわけではない。二人目の子どもには酷な話だが、二人目は一人目と同じだけの効用を親に与えることはできないのである。二人目が付加する効用（限界効用）は、一人目よりも少し減る。三人目、四人目となると、効用の増加分はさらに減り続け、ある数に達するとゼロに近づく。五人目は要らないという場合、五人目の子どもの限界効用はほとんどゼロということになる。これが、限界効用逓減の法則である。

効用の増加分が減るといっても、一人よりは二人いるほうが喜びも満足も増えるわけだから、できれば二人目、三人目がほしいと思う。「理想の子ども数」というのは、限界効用が極小に達する子ども数と考えればよい。理想の子どもは三人という場合、三人までは喜びと満足が増え続けるが、四人になるともう増えない（コストだけがかかる）ということだ。

そうすると、理想の子ども数が二人という人にとっての二子目の価値は、理想の子ども数が三人という人にとっての二子目の価値より小さくなる。それゆえ、二子目を欲する度合いは、理想の子ども数が二人の人のほうが、三人の人より低くなる。先に引用した厚生労働省の調査において、「継続一人っ子男性」では、理想の子ども数は二人が最も多く、「複数子家族男性」では、理想の子ども数は三人が最も多いという結果が出ているのは、このためなのである。

ここで注目すべきなのが、理想の子ども数の変化である。既に引用したように、国立社会保障・人口問題研究所の調査によると、理想の子ども数を三人とする夫婦は減少を続けており、二〇一五年には一九八二年の半数以下になっている。これは、二子目にあまり価値を見出さない夫婦が増えていることを示唆している。一方、一人を希望する夫婦は、まだ少数ではあるが、一九八二年から二〇一五年にかけて倍増している。二人目の限界効用はゼロという夫婦が増えているのである。

以上は①の消費効用の分析だが、④の家族維持効用についても、同様のことが言えるだろう。夫婦の絆を強める効果は、子どもが二人になったからといって、二倍に強化されるとは思えない。むしろ、家族維持コストのほうが大きくなりそうだ。

(2) 子どものコスト計算

養うことさえできれば、つまりコストが低ければ、二人目、三人目と子どもを持てるが、コストが負担能力を越えれば、そうはいかない。現実の子ども数は、コストに大きく制約される。それは理想の子ども数より少ないのが常であり、それゆえに理想の子ども数と現実の子ども数とのギャップが生じる。

子どもの経済的コストが高騰していることは、多くの識者が指摘していて、マスコミやインターネットでも話題にされている。一説によると、現在の日本では子ども一人に四〇〇〇万円の養育コストがかかる[41]。子どもは、マイホーム一軒分に相当する耐久消費財というわけだ。出産に慎重になるのも無理はない。

それ以上に、心理的コストが大きい。心理的コストとは、子どもの成長や健康、成功にかける関心と世話の総量である。これは定量化することが困難だが、「子どもをつくって家族したい」男にとっては、重要な問題である。「家族する」ことの重要な要素として、子どもとのかかわりがあるからだ。子どもの消費効用と家族維持効用をうるには、子どもに関心を持ち、子どもと一定の時間を過ごし、子どもをケアすることが、つまり相当程度の心理的コストを支払うことが、夫＝父親に求められるのである。そして、前節の分析が示すとおり、少なくとも理念的には、多くの男性がそのことを理解している。

実態はそうではないかもしれない。男性の家事参加は「極めて低調」という最近の調査もある[42]。育児休業制度を利用する男性も、あまり増えてはいない。しかし、建前に過ぎないとしても、家事・育児に参加すべきだと考えるということは、子どもにかかる心理的コストが大きいと認識することである。子どもを産むか産まないかという意思決定に際しては、予想されるコストが重要な要因となってくる。主観的にせよ、心理的コストが大きいということは、子どもの養育コストを高めに見積もらせるという効果がある。

そして、ここが私の最も強調したい点なのだが、実際に家事・育児に積極的な父親であればあるほど、心理的コストは大きくなる。

私を含め、育児体験を持つ男たちに共通する実感は、「やってみなければ、育児の楽しさ（子どもの消費効用の大きさ）はわからない」ということと、「やってみなければ、育児の大変さ（心理的コストの大きさ）はわからない」ということである。しかも、この心理的コストは、代替不可能なのである。家事・育児に熱心であるということは、「妻任せ」にはできないし、したくないということだ。なぜなら、自分で心理的コストを支払わなければ、「この子を育てる」楽しさという消費効用は手に入らないからだ。家事・育児する父親にとって、育児とはハイコスト＝ハイリターン型の消費行動であり、しかもリターンの大きさを実感するがゆえに、ますますコストをかけたくなるような消費行動なのである。

さらに、この心理的コストは、子どもの数が増えるにつれて幾何級数的に増大すると思われる。子どもが二人の場合の心理的コストは、一人の場合の二倍以上となるのである。なぜなら、子どもが二人になることによって、子ども同士の関係にも気配りが必要になるからだ。

したがって、家事・育児する男にとっては、育児コスト（経済的コスト＋心理的コスト）は、子どもが増えると激増することとなるのである。

(3) 家事・育児する男性の出生意欲

以上の議論から、次のような「仮説」が導き出される。家事・育児する男は、育児に価値を見出すがゆえに、第一子の出生意欲は高い。しかし、家事・育児する男は、そうでない男に比べて、育児の心理的コストが大きい分だけ、育児コストが高くなる。そのうえ、心理的コストの増加率が大きいために、第二子以降の育児コストは急激に増大する。それゆえ、たとえ理想の子ども数が同じであっても、家事・育児する男は、そうでない男に比べて、育児コストの制約が大きくなるので、第二子の出生意欲は低下しやすい。

男性が家事・育児に参加すれば、女性が第二子を出産しようとする意欲が高まるという議論は、女性の心理的コストを男性が肩代わりすることによって、女性にとっての第二子の育児コストが低下するということを前提にしている。しかし、この議論は、男性の育児コスト増をまったく考慮に入れていない。育児の心理的コストを肩代わりする男性は、既に多大の経済的コストを負担しているのであり、それに心理的コストが加われば、今度は男性のほうが「二人目はちょっと」とためらう可能性がある。私がまさにそうだった。男性の「家庭回帰」は、男性にとっての育児コストの純増であり、家事・育児に熱心であればあるほど、コストの増加率は大きいのだから、どんなに「子ども好き」で「子煩悩」であっても、いやそれゆえにこそ、第二子の出生意欲が低下する可能性が高いと思われるのである。とするならば、女性の出生意欲の増加は、男性の出生意欲の低下によって相殺されてしまうだろう。

これが、家事・育児する男性は少子化を止めない可能性が高いという私の仮説の理論的根拠である。

高度経済成長時代の男女分業型家族の場合、「仕事に専念する」男性は育児の心理的コストを免除され、

「家庭に専念する」女性は育児の経済的コストを免除されていた。これが、長期間にわたって、既婚夫婦の出生率が二・二前後で安定し得た理由だと思われる。

それが、育児の経済的コストの上昇によって、女性も経済的コストの一部負担を求められるようになったため、女性の出生意欲が低下した。そこで、女性のコスト増を男性が肩代わりせよというわけだが、男性の負担する育児の経済的コストの減少がないままに、心理的コストの上乗せを求めるのでは、今度は男性の出生意欲が低下する。そして、その兆候は既に現れているというのが、私の主張である。

おわりに

以上の分析から、どのような理論的含意と政治的含意が導き出せるだろうか。

理論的には、少子化を二重の意味での「家族の脱再生産化」と捉えるべきだというのが、私の主張である。一つは、結婚を「必要」としない男性が増えているという点である。妻の手料理よりコンビニ弁当のほうが明日への活力の源になる時代が来たのかもしれない。しかも、そのほうが資本にとっても効率的な時代が来たのかもしれない。そうだとしたら、労働者個人の労働力の再生産に家族は不可欠ではなくなったということを意味する。もう一つは、子どもの養育が、純粋な消費行動になり始めているという点である。その結果が少子化であり、労働力不足であるとすれば、次世代労働力の再生産という機能もまた、家族から失われつつあるのではないかということだ。それは資本の論理に親和的なのだろうか、それとも後期資本主義の新たな矛盾なのだろうか。いずれにせよ、二重の意味での「家族の脱再生産化」は、マルクス主義フェミニズムの再検討を要請しそうである。

政策的には、男の家事・育児参加の勧奨だけでは、少子化の抑止効果を発揮し得ないだろうというのが、私の主張である。なぜなら、それは従来免除されていた育児の心理的コストを男性も負担せよという、いわば既得権剝奪政策だからだ。しかも、この既得権は、「仕事人間」という労働強化と引き換えに与えられた男の特権であった。そうだとすれば、この既得権は、労働時間の短縮と引き換えでなければ手放せないだろう。ところが、経済のグローバル化と競争の激化によって、労働は一層強化される情況にある。この情況を放置、いやむしろ悪化させるような政治が続く現状では、男性に既得権放棄を求めるのは酷ではないか。もしも男性に育児の心理的コストの引き受けを求めるならば、育児の経済的コストの大幅削減策とセットでなければならない。

日本の労働慣行と労働環境が抜本的に変わらなければ、家事・育児に使える時間的余裕は増えない。時間的余裕がなければ、家事・育児する男たちは、せいぜい妻と一人の子どものための家事・育児しか担えないだろう。子どもを大切にするからこそ、十分なケアを与えられる数しか子どもは持てないのである。その結果、少子化は止まらない可能性が高い。

少子化を止めたいのならば、家事・育児する男たちが第二子の出産を望めるように、教育政策・住宅政策など育児の経済的コストを削減するための諸政策とともに、男女の「働き方」を抜本的に変える雇用政策・経済政策が求められるのである。それを達成した国は、まだどこもないのだが……。

column

2 父親の育児があたりまえの社会

◎ 私と同じ父親がいる！

それは、偶然の出会いだった。一九九六年か九七年か忘れたが、アメリカ人類学会の年次大会に参加した私は、いつものように書籍展示即売場をうろうろしていた。ミシガン大学出版局のブースに入ったときのことだ。ある本の表紙が、私の目を惹いた。

父親に抱かれた子どもの笑顔に吸い寄せられたのだ。ちょうど私の子どもも同じくらいの年頃だったこともあるが、私が子どもの笑顔に惹きつけられたのは、「この子は、よほど父親に抱かれ慣れているのだろう。そうでなければ、こんなにくつろいだ感じで抱かれているはずがないし、この笑顔は出ない」と感じたからだった。父親の抱き方も、いかにも抱きなれた感じで、まったく無理がない。序に書いたように、息子が生まれたばかりの頃から私は

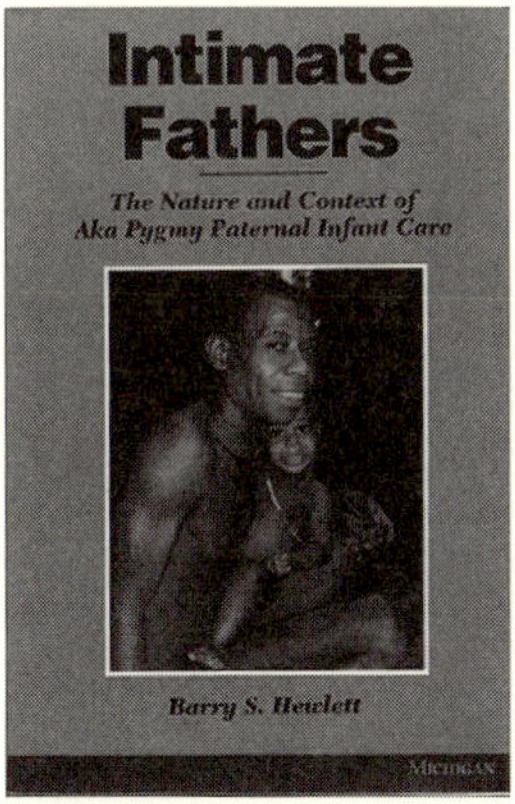

『親密な父親たち』（ミシガン大学出版局）

子育てに可能な限り時間を注いできたので、それがよくわかるのだ。「この父親は、本当に子育てしているぞ、私と同じだ」と強く共感した。

手にとって序論を読んでみると、アメリカの母親と父親の行動に関する心理学的な研究の簡単な紹介があり、アメリカ心理学では父親は普段は子どもとの接触は少ないが、接触するときは積極的に刺激を与えようとする傾向があると言われているのだが、著者バリー・ヒューレット氏は、自分がよく知るアフリカの狩猟採集民の父親はそうではなかったと感じて、改めて彼らの育児行動の組織的な研究を試みたということだった。その成果をまとめたのが、この『親密な父親たち――アカ・ピグミー社会における父親の乳幼児ケアの性質とその文脈』だ。タイトルも気に入った。私も「親密」に息子と接していたから。もちろん、すぐに購入した。

◎　平等で非暴力的な狩猟採集民

アカ・ピグミーは、中央アフリカの熱帯雨林地帯に住む狩猟採集民である。アカは民族名、ピグミーというのは体型の小さい諸民族の総称である。ここでは、単にアカ人と呼ぶことにする。

アカ人は、父系で血縁をたどり、いくつかの父系血縁集団が集まって、人類学ではバンドと呼ばれる小規模な社会を形成している。一つのバンドは、五〇―一五〇人から成り、同じ地域で狩猟採集を行う集団である。

生活の基盤は、夫婦と子どもを中心とした家族と、数家族から十数家族が集まったキャンプだ。通常のキャンプは、三―四名の成人男性とその妻子、年老いた親、離婚して戻ってきた姉妹とその子どもなど、だいたい二〇―二五人によって構成される。結婚も離婚も容易で、複数の妻を持つ男性もいる。

アカ人は、さまざまな動植物を採集する。採集は男女ともに行うが、どちらかというと女性が中心である。高い木に登らなければならないハチミツ採集は男性の仕事だ。アカ人の行う狩猟は、ネットハンティングと呼ばれる方法で、森の中で、網を張って動物を追い込むものである。これには男女ともに参加する。捕らえた動物の解体や分配も男女ともに行う。

基本的に平等な社会で、明確な指導者や権力者は存在しない。近隣の農耕民が「アカ人は年寄を敬わない」と言うように、世代間の関係は対等である。男女間の関係も平等で、性別による分業は発達しておらず、ほとんどの活動を男女どちらも行う。

長年、アカ人を研究しているヒューレット氏は、激しい争いや暴力沙汰を目撃したことがほとんどないと言う。親が子どもを叱ることも滅多になく、子ども同士がいさかいを起こしたりすると、傍らにいる大人がそっと引き離すだけである。説教もない。もちろん体罰などない。周りに暴力をふるう大人がいないから、子どもたちも自然と暴力はいけないと学んで育つ。夫婦間でも暴力は見られず、もし妻を叩いたりしたら、離婚の原因になるそうだ。アカ人の社会では、ＤＶはあり得ないのだ。

アカ人は、とても平等で平和的な社会を築いているのである。

◎親密な父親たち

そして、何よりも特徴的なのが、アカ人の父親は大変熱心に乳幼児を世話する男たちだということである。ヒューレット氏の調査によると、アカ人の父親たちは一日の半分近くを子どもの近くで過ごしており、注意深く子どもを見守り、子どもがむずかったり泣いたりすると抱き上げてあやす。興味深いのは、アカ人の父親は、欧米心理学が描く父親のように、積極的に子どもを刺激したり、無理に遊びに誘ったりすることがないという点だ。長時間、親密に接しているので、子どもが何をしたいのか、何をしてほしいのかをよく理解しており、あくまでも子どもの意に沿って世話をする。これは、欧米心理学が「母親的」と見なすような行動パターンだ。この点に、私は大いに共感した。育児体験を通して私も「母親的」になったことは、序で述べたとおりである。

アカ人の父親は、母親が何か忙しく働いているときには、すぐに子どもの世話を引き受ける。子どもも、いつも父親と一緒だから、母親を求めることもない。子どもを抱いている父親に、「おしっこやうんちを漏らされたらどうなんだ」とヒューレット氏が聞くと、「何も問題はない」と笑って答えたそうだ。アカ人の父親は、下の世話でも食事の世話でも、何でもできるのである。私と同じだ！

ヒューレット氏によると、アカ人の考える「良い父親」は、ちゃんと食べ物を与え、子どもを愛し、母親を助け、いつもそばにいて子どもを守る父親だそうだ。「良い母親」は、いつもそばにいて子どもを守り、ちゃんと食べ物を与え、子どもを愛し、子どもを清潔にして病気の時はよく世話をする母親だ。注目すべきは、「良い父親」と「良い母親」との違いはほとんどないということだ。

一方、「悪い父」と「悪い母」とでは、少し差があるらしく、「妻子を置き去りにして顧みない」のが一番「悪い父」であり、「子どもを叩いたり、食べ物を与えなかったりする」のが一番「悪い母親」だという。もちろん、父親も子どもを叩いたりしてはいけない。そんなことがあれば、離婚の原因になるそうだ。アカ人の社会では、子どもに対するネグレクトや体罰がキッパリと否定されている。

◎　日本社会が学べること

アカ人の社会を理想化するのは間違いだし、日本の父親たちにアカ人の父親を見習えというのも短絡的だ。暮らし方も働き方も違うのだから、単純に比較はできないし、たやすく真似することもできない。しかし、アカ人の父親ぶりを参考にすることはできる。

第一に、父親の子育てが「あたりまえ」の社会が、実際に存在するのだという点だ。アカ人の「男性」は、別に西欧のフェミニズムを学んだわけでも、国から男女共同参画を押しつけられたわけでもない。そうではなくても、男女平等で、性別分業も少なく、平和的で非暴力的な文化を育み、父母がともに愛情深く子どもを世話する社会を築いてきた。そういう可能性が人類にはあるのだということを、アカ人は例証している。

第二に、「父性」もまた多様であることを、アカ人の社会は示している。アカ人の父親は、子どもとの接し方も、しつけの仕方も、欧米の父親とは大きく異なる。欧米の心理学が、あたかも普遍的な父親として描いてきた特徴は、実はおそらく近代の欧米に特有のものであり、決して普遍的な父性ではなかったわけだ。「母性」が「生まれつき」の「女性」の特質ではないのと同様、「父性」も「生まれつき」の「男性」の特質ではないのである。

第三に、「男性」はかつてハンターだったから攻撃的で暴力的なのだといった、エセ進化論的な男性論を、アカ人の「男性」は見事に否定してくれる。狩猟を生業《なりわい》とする彼らは、決して攻撃的でも暴力的でもなく、やさしく妻と子どもに接することができているのだから。私たちも、文化を変え、社会を変えれば、DVも児童虐待もなくすことができるのではないかという希望を、アカ人は与えてくれる。もちろん、どのように文化を変え、どのように社会を変えるかは、私たち自身が日本の文化と社会を見つめ直して考えなければならないことだ。しかし、男女共同参画は人間の本性に反するといった批判に対しては、アカ人の社会は明快な反証を提供してくれる。

最後に、アカ人の父親たちは、私が決して特殊な例外ではないと証明してくれた。それが私には何より嬉しい。そして、この私は、アカ人でなくても「親密な父親」になった実例だ。日本人の父親でも、育児体験を通して「親密な父親」になれるのである。

III

ドメスティック・バイオレンス（DV）

第五章　愛と暴力

――ドメスティック・バイオレンスから問う親密圏の関係倫理――

はじめに

ドメスティック・バイオレンス（ＤＶ）の問題は、恋人同士や夫婦のように性的な紐帯を中心として形成される親密圏が要請する倫理とはどのようなものかを考察する有力な手がかりとなる。ＤＶ被害者支援運動は、「暴力」の再定義を進めてきた。これが、ここでの議論の出発点となる。「暴力」の再定義から出発して、ＤＶの構造を掘り下げていくと、近代的な「愛」の言説が覆い隠してきたジェンダー間の自由とケア責任の不平等という問題が見えてくるであろう。そこから、親密圏における自由とケア責任の平等を可能にすべく、「愛」の再定義を試みたい。

ここで、「親密圏」に仮の定義を与えておきたい。出発点として、「具体的な他者の生／生命――とくにその不安や困難――に対する関心／配慮を媒体とする、ある程度持続的な関係性」という齋藤純一の定義を援用し[1]、「親密圏」ないし「親密な関係」を「具体的な他者の生／生命／性――とくにその自由――に対する関心／配慮／関与／援助を媒体とする、ある程度持続的な関係性」と規定する。すなわち、お互いを個別的で固有の（性的）主体として認識し、その主体性の相互構築と相互維持に、日常的かつ恒常的にかかわり合う関係ということである。生／生命に性を加えたのは、それが親密な関係を取り結ぶ主体の重要な契機だからである。また、関心／配慮に関与／援助を加えたのは、親密な関係の媒体は、精神的な相互作用だけでなく、身体的・性的・経済的な相互行為をも含む、総合的なかかわりとしての「ケア」[2]だと考えるからである。

齋藤の言う「不安や困難」を「自由」に置き換えたのは、ケアの目的を、「不安と困難」からの解放に限定したくないからである。親密圏を、自由な主体が、能動的かつ選択的に「関心／配慮／関与／援助」を提供し合う関係として考えたいのだ。そもそも自由な存在を、より自由にするような「関心／配慮／関与／援助」を与え合う関係性を、親密圏の理想型と考えたいのである。したがって、ケアもまた、欠損や不足を外部から補うという意味での「世話」に限定せず、相手の自由のさらなる拡大を目的とした「関心／配慮／関与／援助」と捉え直したい。すなわち、エンパワーメントとしてのケアである。そもそもケアとは、「その対象が本来持っている権利ゆえに私が尊重する確かな存在として」相手を感じ取りつつ、「誠実に相手に応答」することである[3]。独立した権利主体としての他者の自己実現を目的として、そのために、その他者が必要とする限りにおいての「関心／配慮／関与／援助」を与えることがケアなのだ。それをパターナリズムと混同してはならない。自己の優越性を前提として、劣位にある他者に教導と庇護を与えることではないからだ。

なお、本章においては、ヘテロセクシャルな男女が構成する親密圏のみを考察の対象とする。もとより性的な親密さを中核とした親密圏はヘテロセクシュアルな関係性に限定されるものではない。しかし、なによりも、私自身がヘテロセクシュアルな男性の一人であり、そのような「男」として、一人のヘテロセクシュアルな女性と「ある程度持続的な関係性」を築いている。個人的なものは政治的であるというラディカル・フェミニズムのテーゼを受け入れるなら、自分自身の関係性の政治性を問い返さずして、関係性の政治一般を語ることはできないし、してはならないだろう。以下の考察は、私自身と「私と同類」の男たちの視点と経験を批判的に相対化しつつ、「私と同類」の男たちへ発する問いかけであり、そのようなものに留まることを、あらかじめお断りしておく。

一　暴力の再定義

DVとは、単に夫による妻の「身体に対する不法な攻撃であって生命又は身体に危害を及ぼすもの」[4]ではない。そうではなくて、妻との間に不対等な力関係を作り出し、そのような関係を維持するために、夫が取る多様な支配行動のすべてを含む[5]。これが、「痛め続けられた女たち」とその支援者たちの運動が出した結論であり[6]、フェミニズムの立場とフェミニズムを支持する立場に立つ活動家の基本的な視点である[7]。

DVとは「パートナーとの関係において、威圧的な身体的暴力、性的暴行、身体的暴力を加えるという明白な脅迫などの行為を間に挿んだ、強制的支配のパターン」であり、それは「専ら心理的・経済的・性的な性質の暴力が中心になることもあれば、身体的暴力が主になることもある[8]」。一言で言うなら、家庭内に「圧政」を敷くわけだ。要するに、「暴力とは、相手がしたくないと思っていることを相手に強いる行為、相手がしたいと思っていることを妨げる行為、そして相手を恐がらせる行為の全てを含む[9]」。DVの実態とその究極の帰結は、次章で詳しく論じる。

「痛め続けられた女たち」の体験と視点から出発してフェミニズムが到達した暴力観は、既に引用した日本の現行DV防止法が想定する古典的な暴力観に二つの点で根本的な転換を求める。一つは、暴力性の判断基準を、客観的に認証可能な直接的かつ物理的な効果(たとえば、相手の身体への打撃と、その結果としての損傷)に置く立場から、個別的な被害者のみが認識しうる間接的かつ精神的な効果(たとえば、被害者本人の恐怖感と、本人の意に反した服従)に置く立場への転換である。もう一つは、暴力というものを、単発的で破壊的な物理力の行使と捉える観点から、持続的で関係構築的な権力の行使と捉える観点への転換である。

夫の行為が暴力か否かは、妻の受け止め方に依存する。たとえ夫が暴行に及ばなくても、妻が恐怖を感じ、それゆえに自己の欲求を抑え、意に反して夫の要求に従うならば、夫は妻に対して暴力を行使しているのだ。行為者の自覚的な意図がどのようなものであれ、相手が怖いと思うなら、それは暴力と捉えるべきなのだ。暴力性の判断基準は、被害者の感情と主観でなければならない。別稿で詳しく論じたように、DVの問題は、セクシュアル・ハラスメントの問題とともに、「ラディカルな被害者中心主義」を要請する[10]。

ここで特に取り上げたいのは、第二の転換のほうである。DVについての一般的な認識は、それが本来良好であったはずの親密な関係を破壊する行為だというものだろう。始めは愛していたはずだ、愛情で結ばれていたはずだ、それなのに、なぜ「愛に基づく関係」を壊すのかというのである。しかし、「痛め続けられた女たち」とその支援者たちは、この認識が誤りであることを明らかにした。

〈彼〉は、〈彼女〉と付き合い始めた頃から、次第に、しかも着実に、さまざまな暴力を組み合わせて、〈彼女〉に服従を強いている。支配は、交際当初から始まっており、それを可能にするのは〈彼〉の用いる暴力（主に精神的暴力）である。〈彼〉の支配は、同居や結婚、退職と専業主婦化、妊娠と出産などによって〈彼女〉の〈彼〉への依存度が高まるにつれて強化され、恒常化されていく。そして、〈彼〉は、必要とあらば、身体的暴力の行使を示唆し、あるいは実際に行使することで、〈彼〉の〈彼女〉に対する支配権を確実なものとする。〈彼〉は、暴力を手段として〈彼女〉に対する支配権を確立し、暴力を手段としてその維持を図るのである。

DV加害者たちは、関係を壊すために暴力をふるうのではない。関係が壊れることを望まないにもかかわらず、こらえ切れずに暴力をふるってしまうのでもない。そうではなくて、「妻との間に力の不均衡を作りだし、それを維持するため」に暴力を使うのだ。[11] すなわち、DVは、支配従属関係の構築手段であり、その維持装置である。DVは、社会関係を壊すのではない、それは社会関係を作る。

ところが、従来のDVの捉え方は、既に存在する親密圏において、時々暴力が爆発するというものであった。暴力の発生以前には非暴力的に親密圏が構築されていたと想定されているわけだ。それゆえに、暴力を除去すれば、本来の親密圏が回復されるはずだという発想が生まれる。それが根本的に誤りであることを、「痛め続けられた女たち」の証言は明らかにしている。〈彼〉と〈彼女〉との間には、親密圏など最初から無かったのだ。なぜなら、そこでは親密な関係とは根本的に異なる支配従属関係が、暴力によって構築され、暴力によって維持されているのだから。それが、当事者にも、周囲の者にも、親密圏に「見えてしまう」のはなぜか。このことが問われなければならない。そこで、暴力が作る社会関係の性質について、特に親密圏との類似について、もう少し詳しく検討したい。

二　「制縛圏」と「親密圏」

ＤＶが作り出す社会関係を「制縛圏」と呼ぶことにしよう。制縛とは「制限を加えて自由を束縛すること」[12]を意味する。ＤＶの目的を表す言葉として最適であろう。「制縛圏」は「親密圏」の対極にあるような関係性である。そうであるにもかかわらず、「制縛圏」が「親密圏」に見えてしまうのは、両者が多くの共通点を持ち、表面的には極めて類似した関係性であるからだ。

第一の共通点は、当事者の限定性と個別性である。〈この彼女〉と〈この彼〉の「生／生命／性」にかかわるという点で、制縛圏と親密圏とは共通性を持つ。第二の共通点は、当事者間の関係の持続性と閉鎖性である。〈この彼女〉と〈この彼〉の「生／生命／性」が分かち難く結びつき、他者に対して閉じているという点で、制縛圏と親密圏とは共通性を持つ。そして第三の、おそらく最も重要な共通点は、〈この彼女〉と〈この彼〉との関係性の媒体が「感情」だということである。〈この彼女〉を〈この彼〉に向かわせ、〈この彼女〉が〈この彼〉と結びつきたいと思わせるのは、ある種の感情の高揚であり、その高揚感は結びつきの達成によってさらに強められる。それゆえ、その感情は、関係性の最も基底的な媒体なのである。問題は、その感情が何かということだ。

それは、通常「恋愛」と一言で呼ばれる感情である。山田昌弘によると、恋愛感情の特徴は「あることをしたくなったらそれが恋愛である、という単純な対応関係にある行動欲求が見出しにくい」点にあり、「ありとあらゆる欲求が恋愛に含まれる」[13]。「それゆえ、恋愛と呼ばれる感情は主観的に構成される」と山田は述べ、さらに「何が恋愛かという主観的構成の規則に対する合意が失われつつある」とも主張する[14]。しかし、多様な具体的欲求に通底するのは「『相手と何かをしたい』『相手に何かをしてもらいたい』『相手に何かをしたい』といった欲求」だと山田は指摘している[15]。そうだとすると、恋愛感情に対応する欲求は、自分が恋愛関係にあると見なす、あるいは自分が恋愛関係にありたいと欲する特定の他者に、自分の要求を聞き入れてほしいという欲求ではないか、それも無条件かつ無制限に。

〈あなた〉に、しかも〈あなた〉だけに、〈わたし〉の要求を、しかも〈わたし〉の要求だけを、聞き入れてほしいのである。そして、〈あなた〉が、〈わたし〉の要求だけを、それが〈わたし〉の要求であるという、ただそれだけの理由で、「喜んで」聞き入れてくれる時、その時〈わたし〉は歓喜する。しかも、他の誰かの要求であれば〈あなた〉は「嫌がって」拒絶するに違いないにもかかわらず、それが〈わたし〉の要求であるがゆえに、〈あなた〉が「喜んで」聞き入れてくれるのだということが明らかであるならば、

〈わたし〉の歓喜は絶頂に達する。

しかし、〈わたし〉は〈あなた〉が、〈わたし〉の要求を聞き入れてくれないのではないかという不安や恐怖を常に抱えている。そして、〈あなた〉が、〈わたし〉の要求を拒絶するならば、その理由の如何を問わず、〈わたし〉は悲嘆にくれる。その悲嘆は、憤怒に変わることさえある。〈あなた〉の拒絶に悲しみを感じないならば、〈あなた〉の拒絶に怒りが湧かないならば、〈わたし〉は〈あなた〉に恋愛感情を抱いていないことになる。熱愛が熱いのは、欲求が激しいからだけではない。拒絶されることへの不安と恐怖が激しいからでもある。拒絶された時の悲嘆と憤怒が激しいからでもある。そうでなければ、欲求が聞き入れられたときの歓喜はそれほど大きくならないだろう。

理念上は、恋愛関係は対等である。〈あなた〉が〈わたし〉の要求なら何でも聞き入れてくれる時、〈わたし〉もまた〈あなた〉の要求なら何でも聞き入れる。〈わたし〉の要求なら何でも聞き入れることが〈あなた〉にとって「喜び」である時、〈あなた〉の要求なら何でも聞き入れることは〈わたし〉にとっても「喜び」である。もしかしたら、〈あなた〉は〈わたし〉の要求を拒絶するかもしれない。それを〈わたし〉は恐怖する。同じように、〈あなた〉も〈わたし〉の拒絶を恐怖しているはずだ。拒絶に対する恐怖があるからこそ、受容に対する歓喜が大きいのであり、受容された時の歓喜が大きければ大きいほど、拒絶に対する恐怖は強まるのである。現実には多くの恋愛関係が決して対等ではないという問題は、次節で考察する。ここで重要なことは、理念上対等な恋愛関係においても、〈彼女〉と〈彼〉との関係の媒体となる感情は、単に要求が満たされたという歓喜だけではなく、満たされないのではないかという不安と恐怖をも含むということである。不安感や恐怖感は、恋愛にとって異質ではない。むしろ、不安と恐怖は、恋愛の本質的な契機である。

それゆえに、制縛圏と親密圏とは酷似することとなる。「普通」の恋愛関係が不安と恐怖を内包するがゆえに、〈彼〉の暴力が〈彼女〉の不安と恐怖を生んでいるにもかかわらず、それが暴力とは認識されず、恋愛と誤認されてしまうのである。さらに、DV被害者とその支援者にはつとに明らかなことであるが、〈彼〉の要求を聞き入れ続けている場合には、稀にその報酬として〈彼〉が優しさといたわりを示し、つかのまの安堵が〈彼女〉に与えられることがある。日頃の不安と恐怖が大きければ大きいほど、稀に与えられる安堵は歓喜の感情さえ惹き起こす。制縛圏においても、不安と安堵、恐怖と歓喜とが、関係性を媒介する感情なのであり、その点において「普通」の恋愛と変わらない。暴力と恋愛とは、とてもよく似ているのである。

三　甘えのポリティクス

しかしながら、制縛圏における〈彼〉の〈彼女〉に対するかかわり方は、親密圏とは異なる。制縛圏においては、「他者を他者として考えることができずに、自分と一体視された他者に向かって、自分の思いや感情や欲求を野放図に垂れ流していくことが受け入れられると考える」態度、すなわち「甘え」を、〈彼〉は〈彼女〉に押しつける。[16] そして、この甘えは「権力行使の一形態」である。[17]

細谷実は、土居健郎[18]を出発点として、この甘えを母性に憧れるマザ・コン男性という文脈で考察しているため、上記の引用では甘える男が未熟な大人であるかのような表現が用いられている。しかし、暴力によって制縛圏を構築しようとする〈彼〉は、決して〈彼女〉を他者として考えることが「できない」のではない。〈彼〉は、〈彼女〉を他者として考えないことを「選んで」いるのだ。また、〈彼〉は〈彼女〉を「自己と一体視」しているのでもない。〈彼〉は、〈彼女〉を「自己の道具視」しているのだ。あえて「一体視」という表現を使うなら、〈彼女〉は〈彼〉の手に一体化されている。〈彼女〉は、人格を喪失し、〈彼〉の手の延長となる。[19]そして、〈彼〉は、〈彼〉の手が〈彼〉の意のままに〈彼〉に奉仕するように、〈彼女〉にも「自分の思いや感情や欲求を野放図に垂れ流していくことが受け入れられると考え」、その受け入れを〈彼女〉に強いる。

受け入れの強制が可能なのは、身体的・経済的・心理的・文化的なジェンダー間の「力の不均衡」が〈彼〉を〈彼女〉より優位な立場に置くからである。言うまでもなく、これらの不均衡はすべて社会的に構築されたものであり、決して「自然」が与えた「本質」的な性差に由来するものではない。身体的な力の差にしても、男のみに「逞しさ」を求め、男のみを「鍛える」社会の影響が大きい。近代産業社会における性別役割分業体制は、制度としての恋愛結婚と相まって、女性を「脆く傷つきやすい」立場に追い込む。[20]〈彼女〉は、〈彼〉に対して相対的に「支配されやすい」存在に作られるのである。

〈彼〉の「甘え」は、したがって「支配者の甘え」である。〈彼〉は、〈彼女〉に対し、なんらの「関心／配慮／関与／援助」も提供することなく、つまり〈彼女〉を一切ケアすることなく、一方的に、自分に対する「関心／配慮／関与／援助」の提供を要求する。〈彼〉は、もっぱら自身の「生／生命／性――特にその自由」のために、〈彼女〉の「生／生命／性――特にその自由」を制約し、利用しようとするのである。

〈彼〉は、甘えるか甘えないかを選択することができる。すなわち〈彼〉には自由がある。これに対して、〈彼女〉は、それを拒否することはできない。なぜならば、拒否することは、〈彼〉の報復と懲罰を招くからである。報復と懲罰を恐れる〈彼女〉は、「支配者の甘え」を受け入れざるをえない。すなわち〈彼女〉には自由がない。〈彼〉は、〈彼女〉をケアしないし、自分自身さえケアしない。自分の自由のために、〈彼女〉のケアを搾取する。〈彼女〉は、〈彼〉をケアする義務を負わされ、それから解放されることがないので、自由を喪失し、さらに自分自身をケアすることができなくなる。「支配者の甘え」とは、他者の主体性の圧殺であり、その道具化であるという意味において、「権力行使の一形態」なのだ。

ここで〈彼女〉にできるのは、ひたすら〈彼〉に「尽くす」ことによって自らの道具性を高めつつ、「かわいい」存在すなわち愛玩の対象となることである。使いやすく、好みに合った道具であれば、大切にされる。かけがえのない道具となれば、特に丁重に扱われるだろう。〈彼女〉の〈彼〉に対するかかわり方は、「自己を自己として考えることを止め、他者の道具に成り切って、他者が野放図に垂れ流す思いや感情や欲求を一身に受け入れることによって、他者の愛玩を得ることができると考える」態度となる。限りなく支配者に依存するという点で、これも一種の「甘え」であろう。これを「被支配者の甘え」と呼ぼう。

「被支配者の甘え」とは、自己の「生／生命／性――特にその自由」を犠牲にして、ひたすら〈彼〉の嗜好に迎合することにより、〈彼〉にとっての自己の利用価値を高め、〈彼〉の愛玩意欲を刺激して、〈彼〉が、報復ではなく報償を、懲罰ではなく恩寵を選択するよう仕向けるということである。〈彼女〉は、進んで自由を放棄することで、必要なケアを少しでも〈彼〉から引き出そうとする。しかし、〈彼女〉の求めるケアを与えるか与えないかの選択権は、あくまでも〈彼〉が握っている。〈彼女〉には自由はなく、〈彼〉にのみ自由がある。〈彼女〉が求めるケアを得られるか否かは、ひとえに〈彼〉の温情に依存している。この点で、「被支配者の甘え」は屈従にほかならない。

〈彼〉がほんのわずかでも「関心／配慮／関与／援助」を〈彼女〉にふり向けるなら、「被支配者の甘え」は成功である。「被支配者の甘え」が成功する限り、〈彼女〉は「支配者の甘え」を許し続けるだろう。一方〈彼〉は、「被支配者の甘え」を時々認めることで、〈彼女〉に「支配者の甘え」を受け入れ続けさせようとする。これが、制縛圏における甘えのポリティクスである。(21)

四　愛の再定義

甘えのポリティクスは、「普通」の恋愛にも忍び込む。社会的に構築された身体的・経済的・心理的・文化的なジェンダー間の「力の不均衡」が、男を支配者に、女を被支配者に作るからである。親密圏を構成すべく出会った男女が、不平等な力関係の中で「恋愛ゲーム」を展開すれば、駆け引きの果てに、制縛圏を構成することとなる。

ヘーゲル以来、親密圏の媒体として称揚されてきた「愛の原理」は、「男女のエゴの駆け引きと支配被支配関係を生み出す」と同時に、「その美名と幻想によって、その真相を見えなくする原理でもある」[22]。実際は、「支配者の甘え」を実現しつつ、「被支配者の甘え」を許容することが男性にとっての愛であり、「支配者の甘え」を受容しつつ、「被支配者の甘え」を実現することが女性にとっての愛である。問題は、男性は女性の意に反して「支配者の甘え」を実現する強制力を持つのに対して、女性は男性に対して「被支配者の甘え」の実現を強制する力を持たないということである。女性にできることは、「被支配者の甘え」の降臨を期待することだけである。「被支配者の甘え」の許認可権は、ひとえに男性が握っている。

したがって、「支配者の甘え」の強制は、先に再定義した暴力にほかならない。ところが、それが男にとっての愛だと語られ、信じられている。「私と同類」の男たちにとって、愛するとは、特定の女性を「支配者の甘え」の受け手として選ぶことである。そして、そのように選ばれることが、どうやら少なからぬ女たちによって、愛されることだと思われている[23]。女たちにとっては、愛するとは、特定の男性による「支配者の甘え」の強制を受け入れることを意味することとなる。その報酬は、「被支配者の甘え」の実現である。「被支配者の甘え」が認められるとき、女たちは、愛されていると実感する。愛という美名の下に〈彼女〉と〈彼〉とが作り上げる関係性は、親密圏ではなく、制縛圏なのだ。

もしも「私と同類」の男たちが、制縛圏ではなく、真の親密圏を希求するなら、まず「支配者の甘え」への欲求を捨て去らなければならない。〈彼〉は、〈彼女〉の「生／生命／性——特にその自由」を制約してはならず、一方的な「関心／配慮／関与／援助」の提供を〈彼女〉に求めてはならない。〈彼〉もまた、

〈彼女〉の「生／生命／性――特にその自由」に対して、「関心／配慮／関与／援助」を提供しなければならないということだ。

甘えてはいけないというのではない。甘えを受け入れるか受け入れないか、すなわち「関心／配慮／関与／援助」を「いま、ここで」提供するかしないかの選択権を〈彼女〉に与えるべきだというのである。甘えさせるかさせないか、それは〈彼女〉が主体的に決定すべき事柄なのだ。〈彼女〉が独立した一個の人格である限り、すなわち〈彼女〉が自由である限り、〈彼〉の求めに応じるか否かを決定する権限は〈彼女〉にのみ存在するのだから。

したがって、〈彼〉は、本来〈彼女〉のものであるはずの選択権と決定権を簒奪《さんだつ》してはならない。たとえ、不平等なジェンダー関係が〈彼〉にそのような支配力を与えるとしても。言い換えると、「支配者の甘え」を強制しない責任を、「私と同類」の男たちは負う。

この責任を要請するのは、「脆さと傷つきやすさの原則」である。[24]それは、「Aの利益がBの行為や選択に対して脆く傷つきやすいものである場合には、BはAの利益を守る特別の責任を負い、Bの責任の重さは、ひとえにAの利益に対するBの影響力の程度に依存する[25]」というものだ。ここで利益を「具体的な生／生命／性――特にその自由」に置き換えるならば、親密な関係においては、〈彼女〉の「生／生命／性――特にその自由」が〈彼〉の「行為や選択に対して脆く傷つきやすい」状態にあるならば、〈彼〉には、〈彼女〉の自由を縮小させることなく、むしろ拡大させる方向で「関心／配慮／関与／援助」を提供する特別の責任すなわちケア責任を負い、その責任は〈彼〉の影響力が大きければ大きいほど、すなわち関係が親密であればあるほど重いということになる。

この「脆さと傷つきやすさ」へのケア責任は、ギリガンが調査対象とした女性たちが一貫して強調する点であり、彼女たちの責任感の根幹を成している[26]。「ケア倫理は、誰も傷つけられるべきではないという非暴力の前提に依拠する[27]」。「ケアすることは、自分の種々の欲求を満たすために、他人を単に利用するのとは正反対のことである[28]」。暴力の対極に、ケアがある。

〈わたし〉の行為と選択に対する〈あなた〉の「脆さと傷つきやすさ」への〈わたし〉のケア責任とは、最首悟《さいしゅさとる》の表現を借りるなら内発的義務である[29]。問題は、「私と同類」の男たちにとっては、この義務感が、なかなか「内から発しない」ということだ[30]。支配者の地位と、それが可能にする「支配者の甘え」は、なんとも捨てがたいのである。

時には甘えてもいいだろう。自由な〈彼女〉が、それを許してくれるなら。しかし、それは、あくまでも〈彼女〉が自由であってこそ認められる。そして、〈彼女〉の自由を保障するには、〈彼女〉に対して、〈彼〉は「関心／配慮／関与／援助」を提供しなければならない。つまり、〈彼女〉をケアしなければならないのである。特に、〈彼女〉が相対的に「脆く傷つきやすい」存在であるならば、〈彼女〉が自由になるためには、格段の「関心／配慮／関与／援助」を必要とする。〈彼〉が、より多くの「関心／配慮／関与／援助」を〈彼女〉に与えて初めて、〈彼女〉の自由は〈彼〉並みのものになる。ゆえに、「脆さと傷つきやすさの原則」は、〈彼〉に、特別の「関心／配慮／関与／援助」を提供する義務すなわちケア責任を課す。繰り返すが、それはエンパワーメント責任であって、パターナリズムであってはならない。それを男たちは誤解しがちであるが。
もう一つ重要なことがある。それは、〈彼〉は、〈彼〉自身をもケアしなければならないということだ。自己をケアするとは、自己中心主義的になることではない。そうではなくて、「自分自身の保護者となり、自分の人生に責任をとる」ことだ。[31] つまり、〈彼〉は自立しなければならない。それで〈彼女〉のケアが不要になるというのではない。しかし、〈彼女〉がいなくても、〈彼〉自身の「生／生命／性――特にその自由」に対して、最低限度の「関心／配慮／関与／援助」を自分自身で提供することができるようになっていることは、〈彼〉自身のために必要なことだ。そうすれば、「支配者の甘え」への欲求も減るだろう。それはまた、〈彼女〉が、〈彼〉へのケアに忙殺されて自己を喪失することを防ぐためにも必要である。[32]
他者へのケアに加えて自己へのケアを実現することは、ギリガンによると、ケア倫理の成熟した形態である。[33] ギリガンの調査対象となった女性たちは、思春期段階では、彼女たちにとって重要な他者を傷つけたくないばかりに、時には自己犠牲的な行動を選んでしまう。しかし、移行期を経て成人期に入ると、自分自身をも傷つけてはいけない対象に含めることができるようになり、また傷つけないという原則だけでは不十分なことも認識し、自己も含めた当事者全員について、公正とケア、権利と責任のバランスを考慮に入れた道徳的判断を下せるようになるという。ニッキャーシーとデイヴィッドソンの表現を借りるなら、「溺れる愛」から「育む愛」への転換である。[34]「力を伸ばし合い」、「お互いが向上するのを助け合い」、「それぞれの世界を広げ、二人以外の関係やそれぞれの興味関心も尊重する」のが「育む愛」だ。それは、お互いを自由にするためにケアし合う愛と言ってもいいだろう。

〈彼女〉が、〈彼〉から「被支配者の甘え」を許されたいばかりに、〈彼〉の「支配者の甘え」を受け入れ、自己の「生／生命／性――特にその自由」への「関心／配慮／関与／援助」を犠牲にするなら、すなわち自己を道具化するなら、それは〈彼女〉自身を傷つけることを容認することになるのだから、この成熟したケア倫理に反する結果となってしまう。〈彼女〉もまた、自分自身をケアすることを学ばなければいけない。しかし、〈彼〉が、「支配者の甘え」の強制を続けようとするなら、〈彼〉との関係性を断ち切り、制縛圏を離脱しない限り、〈彼女〉は自分自身のケアを実行することはできないだろう。〈彼女〉が成熟したケア倫理の要請に応えるには、〈彼〉によるケアの提供が必要不可欠なのである。そして、不平等なジェンダー関係においては、〈彼〉の自由度が大きい以上、〈彼〉の側に、暴力を選ばない責任、「支配者の甘え」を強制しない責任が生じる。まず〈彼〉が、成熟したケア倫理を実践しなければならないのである。それが、〈彼女〉のケア倫理の成熟を可能にし、「育む愛」を媒体とした親密圏の構成を可能にするのだ。

甘えのポリティクスを、ケアのコミュニオンへと止揚しなければならない。〈わたし〉が〈あなた〉を愛するということは、〈あなた〉をより安心させ、より自由にするために、〈あなた〉をケアするということなのだ。そのように〈あなた〉をケアせねばならないという義務感がふつふつと内から湧き上がる時、〈わたし〉は〈あなた〉を本当に愛している。

おわりに

ラディカル・フェミニストの指摘にまつまでもなく、男たちが暴力によって制縛圏を構築しうる最大の原因は、構造的なジェンダー間の「力の不均衡」である。それが生み出す性差別と暴力が社会に蔓延している限り、個人的にも集団的にも男たちが「支配者」のままでいられる限り、「支配者の甘え」はもちろんのこと、DVもセクシュアル・ハラスメントもなくすことは不可能だろう。とするならば、ジェンダー間の「力の不均衡」そのものを是正し、「力の対等化」へ向けて変革する運動に積極的な「関心／配慮／関与／援助」を提供する責任を、すなわちフェミニズムを支持し、「支配しない男」になろうとする責任を、「私と同類」の男たちは負っている。それは、固定的な性別役割期待やヘテロセクシズム／ホモフォビアの個人的な克服といったパーソナルな責任から、国内的・国際的な性別分業体制とそれがもたらした貧困の女性化の是正といったグローバルな責任まで含むはずだ。

また、「普通の性関係」がもたらす「危険と負担のジェンダー格差」が、特にヘテロセクシュアルな男女間の親密な関係においては存在する。「望まない妊娠」の危険と負担が、現状では一方的に〈孕む性〉であり「産む性」である女性に偏っているという問題だ。男性の生殖力は、女性の主体性を圧殺する暴力になりうる。とするならば、〈孕ませる性〉であり〈産ませる性〉である「私と同類」の男たちには、自らの生殖力を暴力化しない特別の責任が生じる。(35) それは、近くの親密なパートナーに対するパーソナルな責任から、遠くの紛争地域における女性への暴力に対するグローバルな責任まで含むはずだ。

どうしたら、「私と同類」の男たちに、これらの責任を認識させ、内発的義務として動機づけることができるのだろうか。微《かす》かな希望は、支配者になりうる立場にいながら暴力を選ばない男たちの存在にあると、筆者は考えている。なぜ、彼らは暴力を選ばないのか。なぜ、彼らは「支配者の甘え」を強制しようとはしないのか。例外的であるとはいえ、どのような客観的・主観的条件が整えば、「力の不均衡」があるにもかかわらず、非暴力的な男たちが育つのか。それがわかれば、「私と同類」の男たちの自己変革と社会変革への道が開かれるのではないか。

あくまでも限られた個人的な体験からだが、育児というケア体験は、男たちに非暴力的な関係倫理を学ぶ貴重な機会を与えるのではないかという仮説を、私は持っている(36)。老病者の介護体験でもよい。障害者の介助体験でもよい。ケア体験が鍵ではないか。もちろん、パターナリズムに基づく育児・介護・介助では意味がない。しかし、それが「ケアすることによって、相手をより自由にする」エンパワーメント体験になるならば、ギリガンが明らかにした女性の道徳的発達の過程を「私と同類」の男たちもたどることができるのではないか。ケア体験を通した、ケア倫理の内発的義務化である。この可能性の理論的・実践的検討が、そしてその社会政策化が強く求められていると、私は思う。

第六章　被害者が加害者に変わるとき
――被害者にかかわるすべての人に求められるＤＶ理解――

はじめに

ＤＶ被害者の中には、加害者の殺害に追い込まれる者がいる。どうして、被害者は逃げないのか。どうして、加害者に対して殺意を抱くことがあるのか。そのメカニズムを明らかにしたい。

ドメスティック・バイオレンス（ＤＶ）が社会問題化するにつれて、刑事訴訟の場においても、殺人あるいは殺人未遂で起訴された女性被告人が、ＤＶ被害を受けていたことを理由に、正当防衛を主張したり、情状酌量を求める事案が増えている。しかし、正当防衛か否か、あるいは情状酌量に値するか否かの法的議論以前に、ＤＶの有無とその影響について、どのように事実認定すべきかが問題とされるべきだろう。そもそも、どのような暴力がふるわれていたのか、それはどのような被害を与える暴力なのか、そして暴力被害は被害者の心理と行動にどのような影響を与えるものなのか。そうした事実関係を詳細に吟味することが、司法の場では求められるからである。

そのような客観的な事実認定においては、DVと呼ばれる暴力とその被害の実態に関する社会科学的な研究の成果が重要な役割を果たすと考える。特にアメリカにおいては、DV被害者による殺人についても、豊富な事例に基づく多くの研究が蓄積されている。私は、文化人類学を専門とする社会科学の研究者であるが、地域の民間シェルターなどと連携しつつ、DV被害の実態に関する調査研究を続けてきた。そこで、ここでは、国内外の研究蓄積と、筆者自身の調査事例とをもとに、DVとは何か、DV被害とはどのようなものか、そして特にDVは被害者の行動をどのように制約するかを明らかにしたい。

一　DVとは何か

「配偶者からの暴力の防止及び被害者の保護に関する法律」（以下、「配偶者暴力防止法」と略記）は、前文において、「配偶者からの暴力は、犯罪となる行為をも含む重大な人権侵害である」と述べ、特に「配偶者からの暴力の被害者は、多くの場合女性であり、経済的自立が困難である女性に対して配偶者が暴力を加えることは、個人の尊厳を害し、男女平等の実現の妨げとなっている」と指摘して、「このような状況を改善し、人権の擁護と男女平等の実現を図るため」に、「配偶者からの暴力を防止し、被害者を保護するための施策を講ずる」と立法の趣旨を説明している。

そして、同法第一条は、「配偶者からの暴力」とは、「配偶者からの身体に対する暴力（身体に対する不法な攻撃であって生命又は身体に危害を及ぼすものをいう。以下同じ)。又はこれに準ずる心身に有害な影響を及ぼす言動」と定義している。

以上の点から、配偶者暴力防止法では、「身体に対する暴力」と「これに準ずる心身に有害な影響を及ぼす言動」によって、被害者の「個人の尊厳」の毀損、また被害者が女性である場合には特に「男女平等」の阻害という「人権侵害」が発生すると想定されていることがわかる。

(1) 配偶者からの暴力の実態

それでは、「身体に対する暴力」および「これに準ずる心身に有害な影響を及ぼす行動」とは、具体的にはどのような行為を指すのだろうか。平成一三年に内閣府男女共同参画局が行った「配偶者等からの暴力に関する事例調査」に報告された六二名の被害者の証言を用いて、その実態を検討しよう[1]。

- 身体に対する暴力

直接的な「身体に対する暴力」としては、「足でける」、「物をなげつける」、「平手で打つ」、「げんこつでなぐる」、「髪をひっぱる」、「引きずりまわす」、「腕をねじる」、「首をしめる」、「身体を傷つける可能性のある物でなぐる」、「突き飛ばす」、「体を物に押し付けたり、たたきつけたりする」、「水や熱湯をかける」などの行為が多く報告されている。

こうした暴行は単発的なものではなく、組み合わされ、時には長時間にわたって続く。たとえば、ある四〇代の女性は、「着替えをしていたら、怒って入って来て、半分裸みたいな格好で外に引きずり出されました。人から丸っきり見えないところで、川の中に顔を突っ込まれ、髪の毛を引っ張られ、殴られ、けられ、顔はむくみました。雨の中で一時間ぐらい殴られていた」経験があると述べている。ある六〇代の女性は、「手を出し始めたと思ったら、今度は私の髪の毛を引っ張って、引き回して、そうするうちに首を絞めてきたんです。私が首に巻いていたスカーフでギュウッと絞められて……。もうその時、私も『終わった』と思ったんです。相手が手を外した途端に、ウーッと息をふき返した」という経験を語っている。

このような「身体に対する暴力」が「犯罪となる行為」に該当することは言うまでもないであろう。しかも、こうした「身体に対する暴力」は、被害者に生命の危険を実感させるものである。「髪の毛を引っ張ってひきずり回したり、け飛ばしたり」された三〇代の女性は、「私はもう動けなくなって、警察を呼ぶこともできなくて。外にも引きずり出されたりして。『このまま死ぬようなことをされて、それで死ぬんだ』と思いました」と語っている。

第三者から見ると大したことではないと思われるような行為でも、被害者に深刻な恐怖を与えることがある。ある五〇代の女性は、「カーッとしてくると、私の胸ぐらをつかむんですよ。そして、何かわめきながら、壁とかにガンガンぶつけるんです。座ってる時だと、いきなり押し倒されて同じようにやられるんです。そんな時は、『あ、殺されるかもしれないな』っていう恐怖が、やっぱりあるんですよ」と述べている。ある三〇代の女性は、「暴力を振るって止まらない時には、二階から何度も『降りろ』って言って、私の体を窓の方に押されたりするのが怖かった」と語っている。

以上のような被害者の証言から明らかなことは、「身体に対する暴力」は、「生命又は身体に危害を及ぼす」だけではなく、「殺されるかもしれない」という恐怖を被害者に実感させる行為だということである。この恐怖こそ、最大の危害であると言っても過言ではない。

特に注意すべきは、一度でも「殺されるかもしれない」という恐怖を味わったならば、その恐怖は長期間にわたって持続するという点である。なぜならば、恐怖の元凶は夫あるいは恋人であり、夫婦関係・恋愛関係が続いている限り、いつでも暴力を受ける可能性があるからだ。そして、次に暴行を受けたときには、本当に殺されるかもしれないのであるから、その恐怖は、加害者が不在の場合でも、加害者が暴力をふるわないときでも、決して軽減されることはないし、まして消滅することはあり得ない。「身体に対する暴力」は、被害者に身体的苦痛や傷害という危害を与えるだけでなく、「消えない恐怖」という深刻な精神的苦痛を与えるのである。

• 心身に有害な影響を与える言動

次に、「身体に対する暴力」に「準ずる心身に有害な影響を及ぼす行動」には、どのようなものがあるのだろうか。内閣府の調査が指摘する精神的暴力（情緒的虐待、行動の監視と制限、経済的虐待、脅し・威嚇）と性的暴力が、これに該当すると思われる。その具体例を検討しよう。

（i）　情緒的虐待　　最も多いのが「大声でどなる」という行為であるが、これには「屈辱的な言葉を浴びせる」とか、「他人に聞こえるように悪口を言う」といった言動が含まれる。また、怒鳴らないまでも、「誰のおかげで生活できるんだ」とか「甲斐性なし」などと侮蔑的な言葉を発したり、「人前でばかにしたり、命令するような口調でものを言ったりする」ことも、被害者の自尊心を傷つける。

ある四〇代の女性は、「とにかくあたしを『ばかだ』とか、『豚だ』とか、『かすだ』とか毎日ののしって、『お前は俺がいなかったら、生きていけない』と、いいました。要するにだめな人間にされたんですね。『能力がない、女には能力がない』」と語っている。別の四〇代の女性は、「『お前は意味がない』と。『生きている意味がない』というような類のことを言いますし、『社会に出てね、仕事なんかできるはずがない』というような感じです」と述べている。これらの暴言は、侮辱罪に問われうる言動であろう。窃盗罪における親族相盗例《しんぞくそうとうれい》（親族間で発生した一部の犯罪行為またはその未遂罪については、その刑罰を免除する、という刑法の規定）のような規定がない以上、妻に対する侮辱罪は成立しうると考えるべきである。ある五〇代の女性は、「表へ飛び出して自分が大声でどなる。私がとても悪い女性であるということを、自分をこういうふうに怒らせるんだっていうことを、大きな声でどなるんです」と述べているが、ここまで公然と暴言を吐くとなると、名誉毀損罪に問われうる。

こうした犯罪的な言辞は、女性に深い屈辱感を与え、その自尊心を破壊する。ある二〇代の女性は、「毎日のように『能なし』というようなことを、『お前は何をしても、給料稼げないんだ。偉そうなことを言うな』というようなことを、言うんです。何かトラブルがあったら、『お前はアホなんだから』というふうに。けっこう自信なくしましたね」と語っている。

さらに、被害者に深い屈辱感を与える形で身体に対する有形力が行使される場合もある。ある三〇代の女性は、「床に頭を打ちつけられ、倒れたところで、頭を足で踏まれました。打ち付けられてボーっとした頭で、『今、私は足で踏まれている。これは、人間として、してはいけないことだろうな』と、思いました。それが一番、悔しかった」と述べているが、配偶者からの暴力が被害者の「個人の尊厳」を傷つける典型的な例である。

女性としての尊厳を傷つける言動も多々見られるが、その好例が「食事に関するいやがらせ」である。ある四〇代の女性は、「おいしくない食事を作ったら投げられたり、気に入らないと犬にやってしまうし……。お肉の切り方を、『このきり方は何だ』と、ものすごくどなる」と語っている。

侮辱的な言動が長時間に及ぶことも珍しくない。ある五〇代の女性は、「自分が疲れ切って何を言っているのかわからなくなるまで、子どもも含めて、何時間でも人を拘束して、ひどい言葉を言い続けるということが、しょっちゅうありました」と述べている。別の四〇代の女性は、「私の妊娠中に、夫はなぜか怒り出し、私に『正座しろ』と。それで、私は妊娠していたのに、芝生の、もう夜露がおりて冷たくなってるところに、一人で三時間ぐらい正座させられました。夫が眠ってから、家に入りました」と語っている。長時間の拘束は、疲労と身体的苦痛をともなうことが多いので、精神的苦痛が倍化される。

さらに重要なことは、多くの被害者が「土下座して謝罪することを強要」されていることである。ある三〇代の女性は、「たとえば、『玄関の鍵を閉め忘れた』『洗面所に髪の毛が落ちていた』ということ。『あっ、ごめんなさい』と、すぐ直しても、それですまない。よくそういうことで、『土下座しろ』と言われました」と語っている。

長時間にわたる「説教」や土下座の強要は、加害者の暴力を「懲罰」として正当化しようとする行為である。被害者は、謝罪するということによって、情緒的虐待の受忍を余儀なくされる。そして、そうした虐待行為を受忍せざるを得ないという状況が、被害者の自尊心をさらに傷つけることとなるのである。

内閣府の調査では取り上げられていないが、無視・黙殺という行為も、「お前など取るに足らない存在だ」、「お前の相手などする必要は認めない」、「お前の意見など聞く気もない」といったメッセージが暗に込められており、自尊心を深く傷つけるものである。情緒的虐待に含まれる行為と言える。

情緒的虐待は、行為によっては侮辱罪・名誉毀損罪に相当するものであり、個人の尊厳を深く傷つけるという点で、民法上の不法行為と見なすべきものである。

(ii) 行動の制限と監視　多くの被害者が、「実家や友人とつきあうのを制限」されたり、「実の両親や親戚・友人などと連絡をとりあうのをいやがる」態度を示されたりしている。また、「電話や手紙を細かくチェックしたり」、「外出することを制限する」といった拘束を受けている。

ある三〇代の女性は、「近所で親しくなった方や結婚してから知り合った人たちとは、まったくお付き合いできませんでした。『子どものお友だちのお母さんやご近所の人と出掛ける』なんて言うと、『行くな』というふうに言われました」と語っている。

さらに、厳しい監視に晒されている被害者が多い。外出を許さず、一日中そばで監視している場合もある。そうでなくても、さまざまな手段で監視が行われる。ある三〇代の女性は、「一切、外と連絡をとれないようにされていました。自分が出掛けている間は、私に携帯電話を持たせて、『今どこにいるんだ』と四六時中監視する。約束した時間に家に戻らないと、『浮気していたんじゃないか』、『誰と会って、どういう話をしたんだ』と疑う。そういうことが、もう毎日で。子どものことで学校に行ったり、子どもを公園に連れて行きたいというのも一切だめですね。とにかく動きを全部、封じられるということが、ずっと続きました」と語っている。別の三〇代の女性は、「私の仕事中に携帯電話に、もう大体一分おきぐらいに電話してきて、しつこいと三〇分とか一時間は鳴りっぱなし状態でした。携帯電話の着信音が鳴らないようにして、しまっておきましたが、『怖い』という思いがあるので、何回かは周りの人に隠れて、トイレに行くふりをして電話に出てみたりしました」と述べている。ある五〇代の女性は、「私が外に電話をすると、『今どこの誰に電話したか』と聞き、すぐにその相手に電話して確認する」と述べている。

さらに「外で働くなと言ったり、仕事を辞めさせたりする」ケースも多い。ある三〇代の女性は、「『仕事はしなくていい』と言うんです。自分は仕事していなくて、私も無職なのに、『母親に任せとけばいい』と言っていました。とにかく私を束縛して、そばに置いておくんです」と語っている。妨害行動によって、仕事を辞めざるを得ない状況に追い込まれる場合も少なくない。ある六〇代の女性は、「二年間、仕事をしてましたけど、会社の課長と私の関係を主人が疑っていたので、行きづらくなったんですよ。課長にも迷惑掛けるし、会社にも迷惑掛けるから。だから『辞めます』って言ったら、『今まで黙っていたけど、ご主人から毎日会社に電話がかかってきてた』って、言われました」と語っている。

こうした行動の制限が、いかにももっともらしく理由づけされていることもある。ある四〇代の女性は、「結婚する前にしていた習い事もやめさせられました。結婚してからは、ずっと働かせてくれなかった。『家事と育児を完璧に出来るんだったら仕事をしてもいい』、『自分より高い給料でなければ働いちゃだめ』って、言うんです」と述べている。もっとも一般的な理由づけは、異性関係の疑いである。ある四〇代の女性は、「新聞の勧誘が来て話しただけでも、その人が帰った後、『やっと昼間、何かあっただろう』と言われた」と語っている。ある五〇代の女性は、「夫が夜、外から帰って来たときに外灯がついてないことや、客間のカーテンにすき間が開いていたこと。そんな普通の日常的なことを、『私が男に合図していた』っていうふうにとらえて……。それは夫にとって、すべて私の浮気の証拠になっていました」と述べている。別の五〇代の女性は、「買い物に行って、ちょっと普段よりも遅く家に帰った。そうしたら、『どこに行った、誰と会った』って、怖い顔をして聞くんです。私は買い物に行ったんですよ。その後、彼から、『買い物に行ったその日は、男と会っていた』とか、そんなふうに疑われて」と述べている。

さまざまな理由をこじつけて行動を制限され、常時監視されることによって、被害者は外部との人間関係を断たれ、完全に孤立した状態に追い込まれる。移動の自由を奪われ、通信の秘密も保持できない。プライバシーのかけらもないのである。さらに、職業選択の自由を奪われ、勤労の権利さえ行使できない。これほどまでに個人の権利を侵害する行為は、たとえ夫婦間であっても、民法上の不法行為に該当すると見なすべきであろう。

（iii）経済的虐待

多くの被害者が、経済的自由を奪われている。ある四〇代の女性は、「一カ月数千円しかもらえなくて、『居候だ』と言われました」と語っている。「生活費として、光熱費分ぴったりのお金はくれるんですけど、食費やそのほかのお金はくれない」という二〇代の女性の証言もある。

こうした状況に置かれた被害者は、自分で必要な生活費を工面するか、ひたすら夫に懇願するしかなくなる。それは、多大なストレスを生み、自尊心を傷つけることになる。

（iv）脅し・威嚇

多くの被害者が、「刃物などの凶器をからだにつきつける」、「なぐるそぶりや、物をなげるふりをして、脅《おびや》かす」、「子どもに危害を加えると言って脅《おど》す」といった脅迫を経験している。

ある四〇代の女性は、「一番怖かった暴力というのは、それまではなかったんですが、家を出る一年前に私が車で逃げる時、夫がナイフを持って来て、車の前にナイフを振りかざして立ちふさがって、運転席の正面のフロントガラスを割ったことです」と語っている。これは、脅迫罪に相当する行為であろう。

また、ある三〇代の女性は、「『拳銃だって何だって買えるんだぞ』というようなことを言って、脅かすんです。一度『怖い』と思うと、何をやられても怖くなっちゃうんですよね。監視しているから、逃げ出すこともできないし、子どももいたし」と述べている。こうした脅迫は、第三者には、子どもだましで非現実的な言辞にしか聞こえないかもしれない。しかし、この女性が指摘するように、常に監視下に置かれ、容易に逃げられない状況にあっては、一見荒唐無稽な脅迫も現実味を帯びてくるのである。

別の三〇代の女性は、「私の携帯電話を壊して、『俺以外、誰も連絡をとる相手は要らないだろう』と言われました。その時に何回も殴られて、何度も『お前は、もう俺から離れられない』というようなことを言われて……。お酒が入ると、『俺の友だちには暴力団関係の人が多いから、俺が一言言えばお前なんて…』と脅されて、『絶対に、お前は俺から離れられない』と言われました」と語っている。このように、器物損壊行為と暴行をともなう脅迫は、被害者に深刻な恐怖感を与える。携帯電話を壊す行為には、単なる器物損壊以上に、外部との自由な通信を妨害するという意味がある。

脅迫は、被害者本人以外にも及ぶ。ある三〇代の女性は、「他人にも暴力を振るう人で、『両親がどうなってもいいのか』、『きょうだいがどうなってもいいのか』というようなことを言われていたので、『自分が逃げてしまうことで、家族が矢面に立ってしまうのではないか』という恐怖のほうが大きかった」と語っている。ある五〇代の女性は、「私の実家に『火をつけて、車で突っ込むぞ』、『めちゃめちゃにしてやる』ということは、暴力のたびに怒鳴っていました」と述べている。「自殺する」と言って脅す加害者もいる。ある四〇代の女性は、「『灯油をかぶって、火をつけるぞ』って言ったり……。ガソリンを自分でかぶって、ライターを持って『火をつけるぞ』って言ったりしました」と語っている。

（v）　性的暴力　最後に、意に反する性行為の強要や、暴行をともなう性交、避妊に協力しないといった性的暴力がある。ある三〇代の女性は、「疲れていた時に、無理やりやられた時に、いやがっているというのが相手に伝わってしまい、その後、かなり『素っ裸のまま殴る、ける』をされたことがありました」と語っている。ある二〇代の女性は、「セックスしながら殴られた時が、一番辛かったです」と語っている。こうした体験は、被害者の自尊心を著しく傷つける。ある五〇代の女性は、「性的なものの頻度がとても高くて、時を構わず言ってきました。そうすると私は何か、自己評価が下がってしまうんです。拒絶するとまた暴力が起こるし、暴力を振るわれるのはいやだから、『自分はいやでもそれに従わなくちゃいけない』というのが、それはもう辛くて」と述べている。

暴行脅迫による性交の強要なのであるから、強姦に等しい。たとえ夫婦間と言えども、強姦罪が成立しうる。また、性的自己決定権の侵害であり、女性としての尊厳を深く傷つけるのであるから、人格権の侵害と捉えるべきである。

・暴力の恒常性と組織性

以上のように、配偶者からの暴力はさまざまな形態を取るが、その最大の特徴は、止むことなく続くという恒常性と、組み合わせて用いられるという組織性である。

「身体に対する暴力」は、断続的あるいは間歇的《かんけつてき》に繰り返される。そして、多くの場合、暴力の程度は次第にエスカレートし、間隔も短くなる。情緒的虐待と性的暴力は、より頻繁に繰り返される傾向にある。暴行行為そのものは散発的に行われるとしても、それが生み出す恐怖感は持続する。被害者は、「いつ何をされるか分からない怖さ」から逃れられないのである。そして、特に重要なのは、行動の制限と監視は、一年三六五日、一日二四時間、休みなく続けられるという点である。経済的虐待がある場合には、日々お金のやりくりに悩まされることになるので、これも間断なき暴力と言える。配偶者からの暴力とは、一過性のものではなく、長期間にわたって恒常的に行われるものなのである。

さらに、配偶者からの暴力には、「身体に対する暴力」と「心身に有害な影響を与える言動」、すなわち情緒的虐待、行動の制限と監視、経済的暴力、性的暴力とが組み合わせて用いられるという特徴がある。

DVとは、このような恒常的かつ組織的な暴力の行使を指す概念である。この点でDVは、俗に「夫婦喧嘩」と呼ばれる一過性の暴力とは大きく様相を異にする。(2)

いわゆる「夫婦喧嘩」の場合でも「身体に対する暴力」が見られることはあるが、それは多くの場合、特定のトラブルをめぐる口論の発展形であり、そのトラブルに一応の決着が見られれば、暴力は収束するものである。また、攻撃は相互的で、どちらかが一方的に暴力被害を受けるということはない。暴言も見られるが、それは自己主張の一環であり、威圧を目的としたものではない。特に重要なのは、日常的な行動の制限と監視をともなうものではないため、被害者の自由が不法に剝奪されることはなく、恐怖感情も生じないという点だ。性的暴力も稀である。

これに対して、DVの場合には、「身体に対する暴力」の原因は特定のトラブルに限らず、日常の些細な出来事に起因することが多く見られる。そのため、被害者は暴力を受ける理由がわからず、驚き、混乱することになる。

たとえば、ある三〇代の女性は、「ほんとに何か些細なことだったと思います。新居に、姑が飾り付けをしてくれたのを見て、『ああ、飾ってあるわ』と言ったら、いきなりでした。『気に入らないのか』という感じで。もう、いきなりだったので、びっくりしました」と語っている。ある四〇代の女性は、「普通に生活をしていて、ご飯をつくっている。主人は横でテレビを見ながら仕事をしている。それで、主人が『おい』と呼んで、私の『ちょっと待って』という返事が三秒遅れた。それで、『何考えてるんだ』と、皿が飛んで来る。そんなことから始まるんです。本当に些細なことでした」と述べている。返事が数秒遅れただけで、いきなり物を投げつけるというのは、常識的な「夫婦喧嘩」のレベルを越える暴行であろう。なぜ、このように「些細なきっかけ」に対し、過剰とも思える暴力的な反応があるのか。それは、暴力の目的が、相手を威圧し、支配することだからである。加害者は、被害者に対し、絶対的な権威を確立しようとして、常識では考えられない暴力をふるうのだ。

実際、DVにおける暴行のきっかけは、ほとんど恣意的に選ばれていると言っても過言ではない。ある六〇代の女性は、「私は、夫の三時間ほどの晩酌の間中、目の前に座って、話し相手をしなければならなかったんです。延々と続く彼のいろいろな話題に相づちを打ちながら、一生懸命にきちんと聞いていなければ、許されなかった。『今笑っただろ』、『あくびをしただろ』など、そういうことで、『俺の陰口言った』と言われる。そういうことは頻繁にありました」と語っている。夫は、妻は晩酌の間中ずっと話し相手をするというルールをつくり、そのルールに妻が違反したと見なせば、暴力をふるうというわけである。これもまた、被害者に対する絶対的な支配権確立を意図した行動だ。

さらに、夫が一方的に抱く疑念が暴力の理由とされることもある。ある六〇代の女性は、「きっかけは、やはり『私のせい』なんですよ。私が会社の課長と親密だ、という被害妄想から、だんだん暴力をふるうようになってきました」と語っている。別の六〇代の女性は、「うちは自営業で、お客さんは男ばっかりなんです。だから、にこにこ笑ってしゃべっていると『よその男に愛想がいい』と言われました」と述べている。こうなると、被害者には暴力を防ぐ手立てはない。

いわゆる夫婦喧嘩とDVとの最大の相違点は、被害者に強い恐怖感情が残るかどうかである。既に述べたように、いわゆる夫婦喧嘩の場合には、暴力は一過性のものであり、また「お互い様」であるため、暴力の収束後に恐怖感が持続するということはほとんどない。これに対して、DV被害者は、恒常的に極度の緊張と恐怖に晒され、生命の危険さえ感じている。その原因は、DVにおいては、「身体に対する暴力」が、情緒的虐待、行動の制限と監視、経済的虐待といった日常的に繰り返される多様な暴力と一体化している点にある。頻繁な情緒的虐待、日常的な行動の制限と監視が必ず組み合わされているのである。経済的虐待、性的暴力も、支配を補強する手段として頻繁に行使される。そして、それゆえに、被害者は恒常的に強い圧迫感と恐怖感を抱くようになるのである。この点については、後に詳述する。

このように、いわゆる夫婦喧嘩とDVとでは、表面的には同じような「身体に対する暴力」が見られるとしても、その構造には顕著な違いが認められる。DVを、俗に言う「夫婦喧嘩」の延長と捉えてはならない。次に述べるように、DVと見なすべき配偶者からの暴力は、支配のための手段という性格を有しているからである。

(2) 配偶者からの暴力の効果

恒常的かつ組織的な暴力の行使としてのDVには、「強圧的支配」(coercive control) を実現するという効果がある。[3] 強圧的支配とは、暴行と、威圧・孤立化・統制という不当で不正な手段を組み合わせて用いることによって、相手の身体的・精神的自由を剝奪し、相手に服従を強制している状態を指す。

暴行とは、配偶者暴力防止法に言う「身体に対する暴力」にほかならない。性的暴力も暴行にあたる。上述のように、「身体に対する暴力」は、「生命又は身体に危害を及ぼす」だけではなく、「殺されるかもしれない」という恐怖を被害者に実感させる。この恐怖感ゆえに、被害者は、意に反した服従を強いられるのである。

威圧とは、直接的な暴行を用いずに恐怖感と屈辱感を与えることで、相手の服従を引き出そうとする一連の行為を指す。先に指摘した情緒的虐待、脅し・威嚇、性的暴力がこれに含まれる。行動の監視にも、威圧効果がある。

孤立化は、主に行動の制限と監視によって達成される。上述のように、被害者は、家族や親族、友人との接触を厳しく制限され、通信も遮断されて、外部から完全に孤立した状態に追い込まれる。仕事をすることも許されず、子どもの学校に行くことも許されず、近所づきあいも禁止されて、事実上の軟禁状態に置かれるのである。これは決して被害者の主観的な被害妄想ではない。前節の実例が示すとおり、さまざまな妨害行動が実際に行われているのであり、それゆえに被害者は身動きが取れないのだ。しつこいほどの職場への電話や、本人への電話は、文字通り、被害者を縛る手かせ足かせとして機能する。私自身の得た被害者の証言によると、「今日は七時に帰る」と言って必ず七時前に、静かに音を立てず玄関を開けて入って来る夫がいる。男が来ていないかと疑い、妻の行動を確認するためだ。このような監視行動は、決して稀ではない。もう一つ、私自身が聞いた監視行動の例に、自宅に電話して不在だとわかると携帯電話にかけ直して居場所を確認し、何分後に自宅に戻ると言わせておいて、その時間に再度自宅へ電話し、そのときに応答することができなければ、夜に酷い性的暴力を受けたというものがある。そのため、この被害者は、加害者と離れている日中であっても常に監視されているという恐怖を味わい、外出してはいけないと思って過ごしていたという。

加害者の監視行動と妨害行動に注目するならば、被害者の拘禁状態は、客観的に認定可能である。孤立化の結果、被害者は「誰も頼れない」状況に追い詰められ、加害者と一対一で対峙せざるを得なくなる。そのような「籠の鳥状態」の中で、加害者による暴行と威圧に晒されて、被害者は屈服と服従を強いられるのである。私自身の知る実例だが、トイレに行くときもドアは開けたまま、風呂は必ず加害者と一緒、そして部屋の中では下着しか着ることを許されなかったという被害者もいる。加害者の監視の目から逃れることは不可能であり、裸同然の姿では逃げ出すこともできないという状況に置かれていたわけである。

統制とは、あれこれと命令を出し、行動をことこまかに規制し、相手の身体的・精神的自由を剥奪することによって、相手を意のままに操ろうとする一連の行動である。先に指摘した行動の制限と監視が、まさに統制にあたる。

既に引用した被害者の証言の中で、とりわけ象徴的なのは、晩酌に際して三時間も熱心に話し相手を務めなければならなかったという女性の例である。これは夫が一方的に定めたルールであり、従わなければ罰せられるので、女性はやむをえず精一杯ルールに従って行動しようとする。しかし、夫が満足しなければ、侮辱的・脅迫的な言葉によって威圧される。その結果、女性は三時間以上も身体的自由を奪われ、夫の話に相づちを打つことを強いられる。長時間にわたる正座の強制も、苦痛を与えることを目的として身体的自由を拘束する行為であり、統制の一例である。これらの実例は、日本国憲法の禁じる奴隷的拘束の下での苦役としか形容できない。

経済的虐待も、日常的な収入と支出の統制と見なせる。私自身が得た証言では、買い物を一人でする際にも加害者の好きな物しか買うことができなかった、レシートを見せないとお金がもらえない生活費の制限があり、買った品物一つひとつにチェックが入ったという事例がある。やはり私自身が得た証言に、次のような事例がある。同居中の一二年間、夫は彼女と子どもが何を着るか、どんな物を持つかまで決定していた。そのため別居した今でも、自分や子どもの物、たとえば子どものTシャツなどを買う際に、「これは、夫が許すだろうか」という基準がまず頭に浮かぶ。「今は自由に買えるんだ」と自分に言い聞かせて意を決して買うが、頭の中で「夫の怒鳴り声が聞こえて」恐怖感に襲われるというのである。別の被害者によると、離婚して五年、母子で暮らしているが、子どもの入学準備の買い物で、夫が嫌っていたキャラクターものの袋を子どもが望んだが、叱られてしまう恐怖で買えなかったそうである。加害者による統制は、そこまで強く被害者を束縛する。

このような統制は、掃除や洗濯、炊事といった家事全般について、また子どもがいる場合は育児と教育についても行われるのが常である。つまり、日常生活のあらゆる側面が、加害者によって統制される。何事についても、被害者は加害者の指示通りに行動するよう調教されるのである。逆らうなと威嚇され、逆らえば暴行を加えられるのであるから、身の安全を確保するためには、加害者の指示通りに行動するしかない。

以上が強圧的支配のメカニズムであり、すべてのDV被害者に共通して見られるものである[4]。特に、威嚇・孤立化・統制の手段として加害者が取る行動の類似性は驚くほどであり、異なる加害者がまったく同一の脅し文句を使っていたりする。加害者の行動パターンがあまりにも似ているために、「まるで同じ学校で同じカリキュラムを学んだ生徒たちのようだ」と言う研究者もいるほどである。

二　DV被害とはどのようなものか

DV被害というと、暴行による怪我や障害、精神的苦痛やPTSD（心的外傷後ストレス障害）などが想起されるかもしれない。たしかに、暴行によって、打撲、切傷、アザ、コブ、やけど、むち打ち、骨折などの身体への直接的な危害をこうむる被害者は少なくない。長期にわたる体調不良や身体障害、メニエール病などストレス性の病気や種々の心身症に罹患《りかん》することもある。多くの被害者が、PTSDを発症していることも事実である。また、性的暴力の結果、望まない中絶を強要されたり、妊娠中の暴力が原因で流産や死産に至るケースもある。

しかしながら、強圧的支配による抑圧状況そのものが最大の被害であると認識しなければならない。なぜならば、強圧的支配とは、既に何度も指摘したように、本来であれば犯罪となる行為と不法な権利侵害行為とを恒常的かつ組織的に用いて強制された、不当で不正な支配従属関係であるからだ。しかもそれは、絶えざる緊張と恐怖と、常に切迫した生命の危機とをともなうものである。そして、それゆえに人権侵害は継続し、常態化する。この人権侵害の継続性と常態化こそが、強圧的支配のもたらすＤＶ被害の特徴である。

(1) 絶えざる緊張と恐怖

強圧的支配の下では、被害者は常に張り詰めた状態に置かれる。ある五〇代の女性は、「精神状態も何もかも、もうズタズタですし、気力もなんにもありませんから、黙って座っているだけで、『三〇年間の結婚生活の間、絶えず夫の顔色をうかがい、機嫌が悪くならないようにって気を遣いながら暮らしていたなあ』という感じ」だと語っている。ある三〇代の女性は、「夫がいる時は、私も子どもたちも神経をすり減らしていましたね。『何かすればやられる』って。その時は自分に原因があると思っているから」と述べている。私自身が得た証言では、加害者が機嫌よく家族と過ごしている時でも、こうしたら怒るかも、ああしたら後で酷いことをされるかも、と考えてしまい、話すこともままならないという事例がある。また、機嫌のよい時のほうが、後の反動が怖くて、殴られている時よりも恐怖感は強かったという事例もある。つまり、「身体に対する暴力」のない状態でも、暴力をふるわれている時と同様に、あるいはそれ以上に、強い緊張と恐怖が持続しているのである。

そして、暴力の兆候が少しでも察知されると、極度の恐怖が襲う。ある五〇代の女性は、「夫が大声を上げたりすると、『体の震えが止まらない』というものから始まって、だんだん血の気が引いていくような感じがするんです。指先からだんだん冷たくなっていく感じがして、それから息苦しくなる感じがして、最後には、喉にコルクで栓をされたような感じで、ものを飲み込めないということがありました」と語っている。

緊張と恐怖は、加害者が不在であっても消えることはない。常に監視され、頻繁に電話がかかってきたり、いつ帰ってくるかわからない状態に置かれているからである。ある五〇代の女性は、「夫が仕事から帰って来る時間帯になると、胃がきゅーっと痛くなって、立っていられなくなるんです」と述べている。同様の証言を、私自身も複数の被害者から聞いている。ある被害者は、夫の帰宅時間が迫ると、家中の掃除をし、どこか汚れていないか何度も点検し、テレビを消し、子どもたちを静かにさせて、帰宅した夫に文句を言われないようにと焦る毎日だったと語ってくれた。それでも、何を言われるかわからないので、恐怖感が消えなかったということである。夜になるとまたミスを咎められるのかと思うと、昼間でも動悸がしてきたという事例もある。別の被害者からは、「夫が直接暴力をふるっている時の方がまだ怖くない。怖いということを感じている余裕もない。目の前にいるし、どう終わるかも分かっているから」という証言を私は得ている。さらに、暴力のない時間は、次にどんな激しい暴力が来るのか、でも逃げられないと考える時間だったと語る被害者もいる。

就寝中であっても、緊張と恐怖はなくならない。ある五〇代の女性は、「逃げてきた時に、婦人相談員の方から、『パジャマぐらいは明るいものを』と、いただいたんです。それまで何十年間も、『夜は、いつどうなってもいいように』と、パジャマというのを着たことがありませんでした。ですから、まだその時はパジャマを着るのが怖かった」と述べている。まったく同じ証言を、私自身、何人もの被害者から聞いている。いつ襲われるかわからないから、その時はすぐに逃げ出せるように、普通の衣服を着て寝ていたというのである。不眠症を訴える被害者は実に多い。そして、それは別居後まで続く。私が得た証言では、自分がいなくなって夫がどうしているのか、自分への怒りをためこんでいるのではないかという恐怖感で眠れないということであった。「どんな顔で、どんな恐ろしいことを考えているんだろう、何をされるんだろう」と考え始めると眠れなくなるというのである。

このように、被害者は、絶えざる緊張と恐怖に晒されている。私の得た証言に、次のようなものがある。「夫が家にいる時もいない時も、いつも夫から監視され、暴力をふるわれる恐怖を感じていました。ほっとできる時なんて一瞬もありませんでした。でもただひとつだけ、散々暴力をふるわれた後、夫が疲れ果てて眠った時、『あーこれで少しの間は暴力がない』とほっとします」というものである。被害者の緊張と恐怖の持続性と恒常性を、これほど明確に示す言葉はない。

(2) 切迫した生命の危機

既に述べたように、「身体に対する暴力」は、「生命又は身体に危害を及ぼす」だけではなく、「殺されるかもしれない」という恐怖を被害者に強く実感させる。私が得た証言の中には、「自分の生殺与奪は夫に握られている、いつか殺されるんじゃないかという恐怖」があったというものがある。それは、決して被害者の誇大妄想ではない。加害者の行為様態を見れば、実際に殺されてもおかしくない危機的状況が発生しているのである。

先に引用した六〇代の女性のように、首を絞められて気を失うといった体験を持つ被害女性は少なくない。内閣府の調査では、[5]六二名中三七名が首を絞められたことがあると証言している。ある二〇代の女性は、「首を絞められた時、ほんとに『ああ、もう死んじゃう』って思って……。その時の、首を絞められるまでの経緯が、もうずっと怖い思いで今も頭に残っています」と語っている。別の二〇代の女性は、「子どものいる前で、『殺してやる』って言って、もう洋服がびりびりになるくらい暴れ出しました。私に乗っかってきて首を四、五秒絞められて……。『ここで抵抗したら、ほんとにもうだめだ』と思って、抵抗しないままでいたんです」と語っている。

また、刃物などの凶器をつきつけられた体験を持つ被害者は、六二名中二四名であった。[6]先に引用した四〇代女性の事例のように、ナイフをふりかざして車の前に立ちふさがり、運転席の窓ガラスを割るといった行為に至っては、単なる脅迫の域を越えた実力行使である。そのような場合に被害者が生命の危険を感じるのは当然であろう。

このような体験が一度でもあれば、「次は本当に殺されるかもしれない」という恐怖を抱くようになるのは、極めて自然な成り行きである。被害者の「生命の危機」意識には、現実的かつ客観的な根拠がある。しかも、いつ何がきっかけで暴力をふるいだすか予測できないという加害者の特性を考えれば、「いつ殺されるか分からない」と被害者が思うことも、また当然至極である。つまり、首を絞められるとか刃物で脅されるといった体験を持つ被害者にとっては、「生命の危機」は常に切迫しているのである。喩えて言うなら、がけっぷちに追い詰められた状況である。一突きされれば、がけ下に転落する。しかし、その一突きがいつ来るのかは予測がつかない。そして、常に見張られているので身動きが取れず、がけっぷちを脱することもできない。まさに絶体絶命の状況であり、そのような状況が持続しているのである。

(3) 人権侵害の継続性と常態化

一日二四時間、一年三六五日、緊張と恐怖に晒される生活、片時も安心できず、安全感を奪われた生活、それがＤＶ被害者の生活なのである。しかもそれは、常時「生命の危機」に晒された生活である。これは、憲法二五条に謳われた、「健康で文化的な最低限度の生活」から懸け離れた凄惨な生活ではなかろうか。ＤＶとは、何よりも、生存権の侵害が継続し、それが常態化した状況であると認識しなければならないのである。

また、被害者は、加害者の妨害行動によって外部との通信も交流も遮断され、事実上の監禁状態の中で、極端に行動を制限され、厳しい監督と統制の下で、意に反した服従を強制されている。これはまさに、憲法一八条に謳われた、「奴隷的拘束と苦役からの自由」の侵害にほかならないのではなかろうか。ＤＶとは、人間にとって最も基本的な人権であるはずの身体的自由の侵害が継続し、それが常態化した状況なのである。

さらに、移動を制限され、就労も禁じられているならば、特に、被害者が別居を申し出ているにもかかわらず、それを暴行脅迫によって阻止されているならば、それは憲法二二条に謳われた、「居住、移転及び職業選択の自由」の侵害と見なさざるを得ない。

こうした重篤な人権侵害状況にあって、さらに侮蔑的で屈辱的な情緒的虐待に晒されているのであるから、被害者の人格権の侵害は甚だしい。先に引用したように、配偶者からの暴力は、「個人の尊厳を害し、男女平等の実現の妨げとなっている」がゆえに、「このような状況を改善し、人権の擁護と男女平等の実現を図るため」に制定されたものである。したがって、その趣旨は、配偶者の一方が憲法一三条に謳われた、「個人の尊重、生命・自由・幸福追求の権利の尊重」と、憲法二四条に謳われた、「家族生活における個人の尊厳と両性の平等」とを侵害することがあってはならないということである。憲法の保障する人権は、夫婦という私人間の関係においても擁護されなければならないと、配偶者暴力防止法は明言しているのである。その趣旨を敷衍するならば、同法はまた、憲法二五条に保障された生存権、一八条に保障された奴隷的拘束と苦役からの自由、二二条に保障された居住、移転及び職業選択の自由といった諸権利の家族生活における擁護も要請していると解釈しなければならない。なんとなれば、それらは「個人の尊厳」と「男女平等の実現」にとって欠かすことのできない基本的な権利だからである。

そうした基本的人権の侵害が継続し、常態化したものがＤＶなのである。しかも、この人権侵害の継続と常態化は、刑法上の犯罪行為あるいは民法上の不法行為となる「身体に対する暴力」と、「これに準ずる心身に有害な影響を及ぼす言動」とによって引き起こされているのである。その不当性、違法性は極めて深刻である。

三　DVは被害者の行動をどのように制約するか

強圧的支配の一手段として孤立化があることは既に指摘したが、その結果として被害者は本当に社会的に孤立してしまう。たとえば、ある五〇代の女性は、「私は、一切外出したことがなくて、社会的な活動は全部だめでした。クラス会とか同窓会は相手が、自分で私を送って行って、迎えに来て。だんだんと私は、そういう集まりに行かなくなって、社会とは全て断たれていきました」と語っている。「相手」とは夫のことである。送迎というのも監視行動の一環だ。ある六〇代の女性は、「シェルターに連絡をとろうと思っても、あの人がいつも茶の間にいるから、電話を掛けられませんでした。ずっと私の見張りをしていて、一カ月に一回か二回しか外出しないんです。電話もね、親子電話の子機を投げて壊してしまったんです。親機は、あの人がいる茶の間のところにあるから、電話を掛けられないんです」と述べている。携帯電話を取り上げられたとか、壊されたという被害者は実に多い。

(1)　選択肢の喪失

このように、常に監視され、外部との通信手段を物理的に奪われて、「籠の鳥状態」に置かれた被害者は、「誰も頼れない」状況に追い詰められ、加害者と一対一で対峙せざるを得なくなる。客観的に逃げられない状況の中で、加害者からは「逃げようとしたら、ただではおかない」と脅迫され続ける。内閣府の調査では、実に六二名中五二名が「もし家を出たら、相手が追いかけてきて私はきっと殺される」と感じていた。[7]

そのように追い詰められた状況の中で、加害者の暴力は決して止まない。やがて、被害者は「いつか自分は殺される」、「逃げられないのだから死ぬしかない」、「相手が死んでくれないだろうか」、「もしかしたら相手を殺してしまうかもしれない」という思考回路に陥っていく。これは、被害者の妄想というものではなく、加害者と一対一で対峙せざるを得ないという客観的な状況が、それ以外の思考を不可能にするのである。非常に多くの被害者が、自分または相手の死を考えたと語っている。自殺を企てた経験を持つ被害者は数多い。「殺意」を抱いたという被害者も少なくない。

ある三〇代の女性は、「私は、自分の人生をずっと諦めていたんですけど、本当に『殺される』という思いが沸々とわき上がってきました。私が殺されるか、自殺するか、それでなければ、私がおかしくなって、相手を殺してしまう。それしかないように追いつめられてきました」と語っている。別の三〇代の女性は、「『どちらかが死ぬまで終わらないんじゃないか』と、思い詰めていました。『私のほうが死ぬ確率が高いんじゃないか』って。だからもう、『どうせだったら殺してくれ』と、心の奥では思っていましたね。怖いし、逃げられないし、行き場所がない、逃げる場所がない。『死ぬしか逃げ道がない』というふうに、次第に考え込むようになりました」と語っている。

このように、「死」以外の解決策はあり得ないと被害者が考えるには、次のような理由がある。第一に、自分以外に頼れる者は誰もいない。第二に、たとえ一時は逃げられたとしても、必ず追いかけられ、捕まえられて殺されると確信している。

繰り返すが、加害者による行動の制限と監視によって社会的に孤立している被害者は、加害者と一対一で対峙せざるを得ない状況に囲い込まれている。これは、加害者の積極的な妨害行動と周到な監視行動がある以上、客観的な事実である。とするならば、状況の変化をもたらすのは、自分の死か、相手の死しかない。二人が生きている以上、加害者の暴力は止むことがなく、被害者は逃げられないのであるから、これもまた合理的な推論である。

第二に、一時的な避難は事態の根本的な解決にならない。この点の認識が、DV被害者と、我々第三者とでは決定的に異なる点なのであるが、被害者特有の行動を理解するうえで極めて重要な点である。

我々第三者は、暴力的な加害者と一緒にいるよりは、シェルターなどに避難するほうが安全ではないかと考える。それで、なぜ危険であることを承知の上で加害者から逃げないのかという疑問を抱く。しかし、実際には、被害者から見れば、加害者から逃げないほうが危険は小さいのであり、逃げることは危険の増大を招くのである。そして、客観的に見ても、実はその通りなのである。なぜならば、逃げるという行為は究極の反抗であり、そのような反抗が加害者を逆上させるであろうことは、被害者にとっては自明の真理である。事実、被害者がシェルターに避難したり、離婚を申し立てて別居したりすると、ストーカーと化す加害者は少なくない。二〇〇六年、徳島県吉野川市で、保護命令を受け、住所を隠して別居していた妻が、離婚調停中の夫に刺殺されるという事件があった(8)。警察庁の統計を見ても(9)、発令される保護命令の増加とともに、保護命令違反の検挙件数も増加しており、二〇〇五年には七三件、二〇〇六年には五三件となっている。「別れ際が一番危険」というのは、被害者支援に携わる者にとっては常識なのだ。

より深刻な問題は、現在の被害者支援体制は、短期的な安全しか提供できていないという点である。シエルターにいられるのは、せいぜい数カ月である。いつかは、シェルターを出て自活しなければならない。そうなったら、加害者に住所を知られる恐れがある。実際、徳島の事件では、加害者は興信所を使って妻の住所を突き止めていた。加害者が逮捕され、刑務所に送られたとしても、いつかは出てくる。その時は、激しい報復を受ける恐れが極めて大きい。しかし、現状では、そのような危険から保護してくれる公的機関は存在しない。自分だけなら隠れとおせるとしても、実家の両親など家族の居所は既に加害者に知られている。家族が身代わりとなって攻撃される恐れもある。このようなさまざまな危険、それも自分や家族の生命にかかわる危険を考慮したとき、そう簡単に逃げるという行動は選べないのである。

被害者の立場からすると、現在の救済制度と救済体制は「究極的な解決」を提供してはくれないのだ。とするならば、「究極的な解決」としては、自分が死ぬか、相手が死ぬか、そのどちらかしかない。これは、被害者の思い込みでも誤解でもなく、現状においては、残念ながら客観的な事実である。それゆえ、多くの被害者が、自殺を企てたり、加害者に殺意を抱くことになるのである。客観的な状況が、多くの被害者を、そこまで追い詰めるのである。この点を、我々第三者は十分理解する必要がある。

(2) 殺意と殺害行動

しかしながら、たとえ被害者の多くが殺意を抱くとしても、実際に殺害行動を起こす被害者は極めて少数である。追い詰められ、行動の選択肢を奪われ、「殺されるか、その前に殺すか」という極限状況にあってもなお、被害者は必死になって自制心を維持しようとする。

ある五〇代の女性は、次のように語っている。「夫が寝ている姿を見て、『この状態だったら私は殺せる』と思ったり。でも、『私が犯罪者になると、子どもはその犯罪者の娘になる』から、『悔しいけど、いくら殺したい人でも、私は殺せないんだ』と、そう思って、何回我慢したかわかりません。自分の意識の中で、殺しちゃいけないというのが働いている時はまだいいけれども、よく新聞に、『ハッと気がついた時には、夫を殺していました』とか、『母親を殴るから、子どもがついお父さんを殺してしまった』という記事が載っていますよね。それを見て、『ああ、私と同じ人がいるなあ』と思うんです。自分が意識してる時は、『それは絶対してはいけない』と思うけれども、無意識の内に、気がついたら夫のそばで呆然と立っているんじゃないかと。犯罪者になることだけは避けたいと思っていたんですけれど、そこまで精神的にコントロールできないっていう状態に追い込まれたらどうしようと。それが一番辛かったことです」。

「そこまで精神的にコントロールできない」という状態に被害者を追い込むのは、加害者の一連の行動である。アメリカの研究蓄積を総合すると、[10] 被害者が加害者に対して殺意を抱き、実際に殺害行動を起こす過程には、次のような共通のパターンが見出される。被害者は、日常的に繰り返される暴力を受忍しながら、加害者との共同生活を続けているわけだが、①加害者の暴力が受忍しうる限界を越えて悪化し、②自己あるいは子どもが生命の危険に晒されているという非常に強い恐怖心を感じているにもかかわらず、

③外部に助けを求めることができない「籠の鳥状態」に置かれている場合、④自己あるいは子どもの生命を守るためには、自分自身の手で加害者を殺害するしかないと思い詰め、⑤生命の危険が切迫したと感じさせる決定的な加害者の言動をきっかけとして、殺害行動の実行に至る、というものだ。

ここで重要なのは、DV被害者に殺意を抱かせる要因は、すべて外部的であるという点である。加害者の暴力の悪化、「籠の鳥状態」と表現される閉塞状況、そして決定的な加害者の言動は、すべて被害者自身にはどうすることもできない要素だ。これらの要因が重なって、被害者の恐怖心を増大させ、自己防衛のために残された唯一の手段として殺害行動を取らせるのである。

特に注意すべきは、殺意を抱く動機が、憤懣や怨恨ではなく、恐怖心だという点である。それも、自己あるいは子どもの命に危険が切迫しているという非常に強い恐怖心が動機となっているのである。

恐怖ゆえの殺意が芽生えた後でも、被害者は簡単に殺害行動に踏み切ることはない。被害者を殺害行動に踏み切らせるのは、「もはや一刻の猶予もならない」と思われる「決定的な転機」の発生である。自分あるいは子どもが確実に殺されると信じ込むに十分な出来事の発生が、殺意を行動へと移させるのだ。アメリカでは、加害者に拳銃を突きつけられたとか、暴力的にレイプされたとか、子どもが首を絞められたといった事例が、被害者が殺意を実行に移すきっかけになったと報告されている。

一般的に言って、今まで経験したことのないような激しい暴力行為、残酷な性的暴力、深刻な子どもの虐待、特に娘の性的虐待など、自分や子どもの生命を軽んじるような加害者の暴力行為が「決定的な転機」になることが明らかにされている。

このような「決定的な転機」の到来によって、「いつかは殺される」という被害者の恐怖心は、「もうすぐ間違いなく殺される」という急迫した危機感へと変わる。そして、危機を回避し、自分や子どもを守るための最後で唯一の手段として、加害者の殺害を実行に移すのである。

これは、恐怖を動機とした自己防衛のための行動だという点で、怒りや怨恨を動機とする通常の殺人とは峻別されるべきである。

おわりに——司法関係者に向けて

最後に、殺人などの刑事訴訟において、被告人がＤＶ被害を受けていたと主張する場合の事実認定に際して、司法関係者に留意してほしい点を述べたい。

まず、犯罪行為あるいは不法行為にあたる「身体に対する暴力」と「これに準ずる心身に有害な影響を及ぼす行動」とが被告人に加えられていたかどうか、どれほどの期間にわたって、どの程度加えられていたのかを、詳細に検討することが必要である。特に、目に見える暴力ではないにしても、情緒的虐待、行動の制限と監視、経済的虐待、性的暴力に該当する行為がなかったかどうか、あったとすれば、どの程度のものであったのかが吟味されなければならない。こうした暴力行為が実際に行われていたかどうかを、事件の前後に限らず、婚姻期間の全般にわたって明らかにすることが、ＤＶの有無を認定する出発点となる。

次に、「身体に対する暴力」と「これに準ずる心身に有害な影響を及ぼす行動」とが恒常的かつ組織的に行われていたかどうか、その結果として強圧的支配が実現していたかどうかが検討されなければならない。被告人が威圧され、孤立し、その行動を統制されていたかどうかが鍵となる。

以上の検討を通して、強圧的支配が実現していたと認定できるならば、被告人に対する人権侵害が継続し、常態化していたという事実が立証されたと見なすべきである。特に重要なのは、被告人が、絶えざる緊張と恐怖に晒され、常に切迫した「生命の危機」状況に置かれていたかどうかという点である。この点の認定に際して注目すべきは、被告人の精神状況はもちろんだが、それ以上に、被告人の行動の自由を制約するような妨害行動、監視行動がどのようなものであったかという点だ。妨害行動、監視行動の存在が客観的に立証されれば、被告人が切迫した「生命の危機」状況にあったと認定することができる。

そして、被告人の殺意と殺害行動については、上述した五段階の展開（二〇五—二〇六頁）が確認されるかどうかが重要である。被告人が、先行研究の示す被害女性と同じような外部条件に制約され、なんらかの「決定的な転機」を迎えていたことが確認できれば、ＤＶ被害者に特有の「恐怖を動機とした自己防衛行動」であったと認定しなければならないのである。

column

3 DV加害者の実像と求められる対策

◎ 加害者は暴力を「選んで」いる

DV加害者というと、どのような男性を思い浮かべるだろうか。いつも短気で怒りっぽく、暴れ出すと手のつけられないタイプだろうか。それとも時々、カッとなって怒鳴ったり手を出したりするが、普段は静かで優しいタイプだろうか。いずれにしても、こらえきれない怒りが爆発して暴力をふるうのがDVだと思ってはいないだろうか。

これが大きな誤解である。DV加害者は、自制心を失って衝動的に暴力をふるってしまうなどということはない。もし本当に時々、爆発せずにはいられないなら、外でも爆発するはずだ。しかし、上司や隣人には愛想もよく、人付き合いも上手で、普通に社会生活を送っている。どんなにストレスが溜まっていても、ちゃんと自分を抑えている。たとえば、会社で嫌なことがあったら帰りがけにちょっと一杯飲んで憂さを晴らすといった具合に。

それなのに、家庭の中で妻子に対してだけ暴力をふるう。つまり、DV加害者は、自制できないのではなく、時と所と相手を「選んで」暴力をふるっているのだ。だから私は、彼らを「暴力を選ぶ男たち」と呼ぶ（沼崎一郎『なぜ男は暴力を選ぶのか――ドメスティック・バイオレンス理解の初歩』かもがわブックレット、二〇〇二年）。

ＤＶ加害者が「暴力を選んでいる」証拠はいくらでもある。殴るにしても、顔ではなく腹部を殴る。顔を殴れば傷が目立つが、腹部なら青あざは服で隠せるからだ。頭を叩くときは、髪の毛のある所を叩く。こぶができても見えないからだ。警察官がやってくると、物凄い形相《ぎょうそう》で怒鳴っていた加害者が、急に穏やかな顔になり、静かな声で落ち着いて話す。警察官の前では、良い夫を上手に演じ、「大したことはありません、ちょっとした夫婦喧嘩です」とごまかす。直前まで妻の首を絞めていたとしても！

◎ 暴力の目的は「支配《コントロール》」

なぜ、妻子に対してだけ「暴力を選ぶ」のか。いじめることが楽しいのか。痛めつけるのが趣味なのか。

そうではない。それは、妻子を自分の思い通りに操るためだ。外から見えにくいのをいいことに、家の中では平気で暴力をちらつかせ、妻子を恐怖に陥れて、言うことを聞かせようとする。抵抗すれば力ずくで、服従を強いる。それがＤＶだ。それは「恐怖による支配」にほかならない。

暴力は、「恐怖による支配」を達成する手段に過ぎない。怒鳴ったり、物を投げたり、睨んだりするのは、「痛い目にあいたくなければ、言うことを聞け」という命令を伝えるためだ。刃物を突きつけたり、風呂桶に首まで頭を沈めたりするのは、「逆らったら本当に殺すぞ」と脅すためだ。そして、時々殴ったり蹴ったりするのは、「言うことを聞かない罰」を与えるためだ。罰を与えながら、しばしばDV加害者は「謝れ！」と迫り、被害者が謝るまで暴力をふるい続ける。被害者が謝れば、悪いのは被害者だということになってしまい、DV加害者の暴力は「懲罰」として正当化されてしまう。

痛い目にあうのが怖いから言うことを聞いてしまうとしたら、それはDV加害者の思う壺だ。殺されるのが恐ろしいから逃げられないとしたら、それもDV加害者の狙い通りだ。暴力とは「怖がらせ、操る力」なのであり、暴力をふるう目的は、相手を思い通りにコントロールすることなのだ。「恐怖」を手段として妻子を「支配」したい、それが暴力を「選ぶ」本当の理由である。

◎　**暴力の源泉は「力《パワー》」**

相手が自分より強ければ、暴力でコントロールすることはできない。上司を殴ったら、自分のほうが首になる。近所の人を怒鳴ったら、付き合いを断られる。もちろん、警官に逆らったら、逮捕されてしまう。外で暴力を使えば、自分が損をする。DV加害者も外では「立場が弱い」ので、暴力を「選べない」し「選ばない」のである。しかし、家庭内では妻子より「強い立場」にあることが多い。だから、「暴力を選ぶ」ことができる。

第一に、多くの場合、加害者のほうが妻子より体格が大きく、体力も強い。ねじ伏せる力を持っている。それで、身体的暴力や性的暴力を「選ぶ」ことができる。

第二に、多くの場合、加害者のほうが妻より収入がある。専業主婦の場合は特に、夫の収入に対する依存度は高くなる。それで、生活費を渡さないといった経済的暴力も「選ぶ」ことができる。

第三に、DV加害者は口達者が多い。「口下手だから手が出る」というのは大きな誤解で、さまざまな理屈を並べて自分の要求を正当化し、妻子の落ち度を言い立てる。被害者の多くが、「いつのまにか言いくるめられてしまう」と証言している。

第四に、多くの加害者はマインドコントロールが巧みである。さまざまな言葉の暴力や精神的な暴力によって、妻を貶《おとし》め、逆らえない心理状態に追い込む。自分が絶対であり、自分に逆らうことなどできないし、まして自分から逃げることなど不可能だということを、妻子に信じ込ませる。それだけでなく、逃げられないように日頃から監視も怠らない。

第五に、男性中心社会と性別役割分業規範が、家庭内での男性優位を文化的にも保障してしまう。特にDV加害者は、「男の特権」を当然視する傾向が強い。

◎ DV加害者は「変わらない」

そして、加害者は変わろうとしない。なぜなら、暴力には、手っ取り早く簡単に、妻を「怖がらせ、操る」ことができるという「うまみ」があるからだ。相手が怖がれば、「俺は強い」と「男らしさ」が実感できる。相手が従えば、「俺は偉い」と「男らしさ」が実感できる。「男らしく」家庭に君臨できるとは、男性にとって実に理想的な事態ではないか。

この状況を、自分から捨てる理由は何もない。暴力を止めたら「うまみ」がなくなり、「男らしさ」も味わえなくなってしまう。しかも「男の特権」を当然視していれば、自分が悪いとは思わない。悪いのは、逆らう妻子のほうだ。妻子に逆らわれる自分こそ被害者だと、DV加害者は思い込んでいる。この意識が根本的に改まらない限り、DV加害者は「変わらない」のである。そして海外の実情を見る限り、残念ながら、既存の矯正教育プログラムを受けて、「変わった」DV加害者は極めて稀である。

◎ 積極的に逮捕し、起訴せよ

自分の非を認めず、妻が悪いと信じ込んでいる加害者の更生は期待薄である。保護命令を受けてさえ、裁判所のほうがおかしいと考えるのがDV加害者の心理だ。保護命令違反の検挙件数は毎年七〇—八〇件に上《のぼ》る。保護命令発令中の殺人事件も起きている。

そうした加害者の態度を少しでも改めさせるには、暴行罪や傷害罪の容疑で積極的に逮捕し、裁判で有罪判決を下すしかない。それが、加害者への警告となるからだ。殴れば暴行罪であり、怪我をさせれば傷害罪であり、「殺すぞ」と脅せば脅迫罪であり、食器を投げて割れば器物損壊罪である。さまざまな犯罪を日常的に繰り返しているのがDV加害者だ。ところが、被害者が被害届を出さないからと言って、警察が逮捕しないものだから、DV加害者は増長し、ますます「俺は悪くない」と考え、多少の暴力なら許されると安心してしまう。それで、暴力を「選び続け」、さらにエスカレートさせる。

妻子に暴力をふるえば、逮捕され、起訴され、裁判で有罪になる。そうでなければ、DVは犯罪だという意識は生まれない。罪の自覚がなければ、反省しないし、態度や行動を変えようという気持ちも生まれない。DV加害者を矯正したいと思うなら、逮捕し、起訴し、有罪にすることが最も有効な方法なのである。少なくとも、逮捕されたくなければ、逮捕されるような暴力は控えるから、さらなる暴力と、暴力の悪化の未然防止につながる。

DVは、他の一般的な暴力犯罪に比して、加害者がストーカー化し、殺人にまで至る比率が極めて高い。「別れ際が一番危ない」ということは、DV被害者支援に取り組む者の間では常識である。DV加害者は、妻が自分の言いなりでなければ気がすまない男たちだ。離婚の申し出ほど許せない「反抗」はない。脅迫的に復縁を迫り、それでも拒否されれば殺意を抱く。最悪の事態を防ぐため、被害者支援に携わる行政と警察には、加害者の凶暴性を見極めて避難計画を練ることが求められる。場合によっては、加害者から発見されにくい遠隔地に避難する必要もある。また、子どもを守るためには、学校も警戒を怠ってはならない。父親が子どもを学校から連れ去り、人質に取ることもあるからだ。

通常、DV加害者は暴行・傷害・脅迫・強要の常習犯なのだから、裁判所も、たとえ初犯ゆえに執行猶予付きの有罪判決を出す場合でも、保護観察処分に付すのが当然である。それは、「次は実刑だぞ」という警告となり、傷害致死や殺人の抑止力となる。海外では、DV加害者を暴行や傷害の段階で早期に逮捕することによってDV殺人を半減させることに成功している例もある。

日本では、二〇〇一年のDV防止法施行から二〇年近く経過しているが、図5に示す通り、夫に殺

図6　配偶者による殺人における男女別被害者数（人）

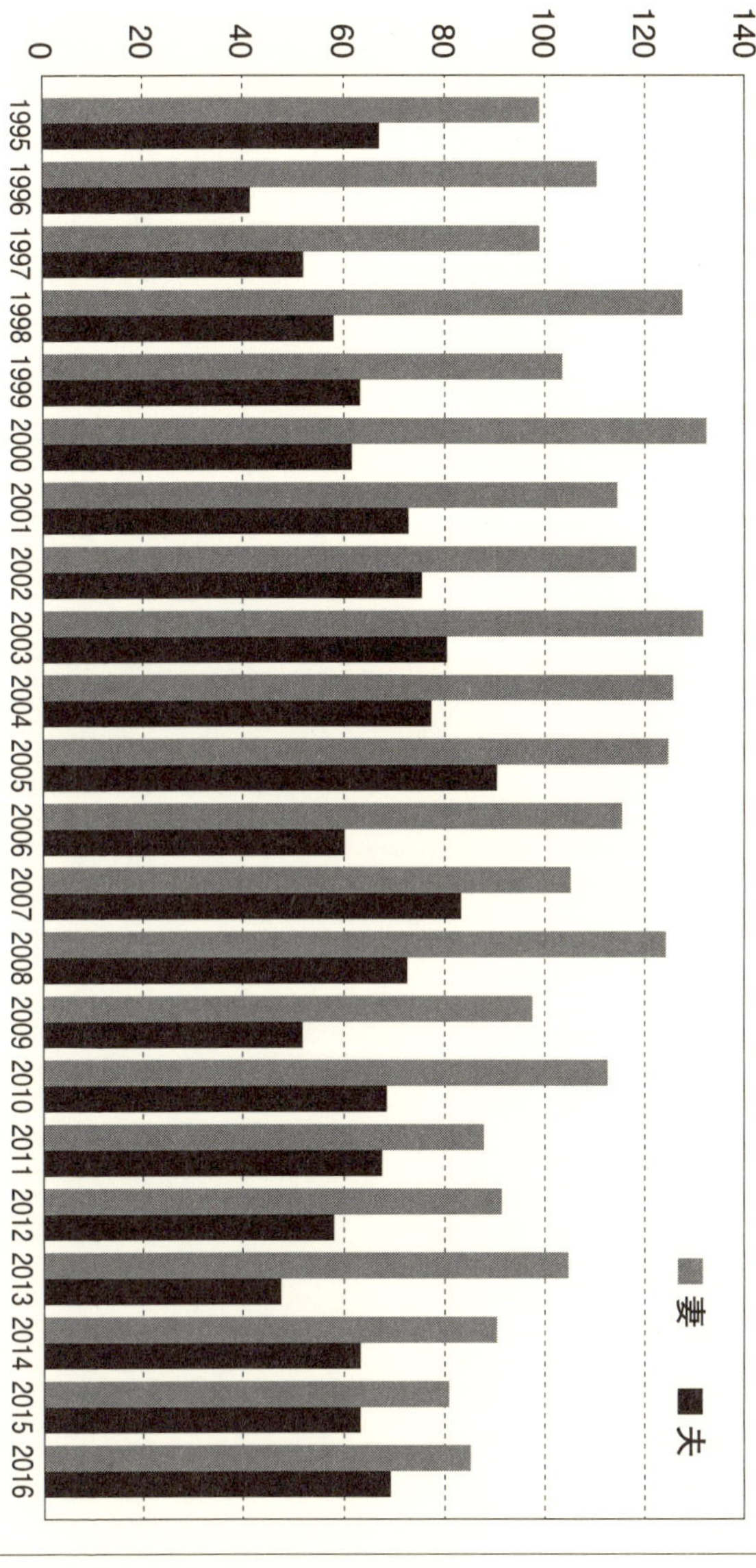

＊警視庁の統計による。

される妻の数はあまり減っていない。夫の殺害に追い込まれる妻の数は横ばいだ。これは、最も危険に晒されている被害者に、救済と支援の手が届いていないということだ。この状況を打破するためには、日本でも早期逮捕策を採用することが必要であり、そのためには、諸外国のようにＤＶ加害者の逮捕を警察に義務づけ、その起訴を検察に義務づける法改正が不可欠なのである。

結　個人的なことは（やはり）政治的である

アメリカのエマージ（ＥＭＥＲＧＥ）でＤＶ加害者について学んでいた頃、私は小学生の息子とアメリカ独立にまつわる史跡を訪ね歩いていた。多くのボストン人がアメリカ独立運動の中核を担った歴史があるので、ボストン近郊はそうした史跡が数多くある。史跡を訪ね歩きながら、息子に教えるためもあって、改めてアメリカ独立の歴史を勉強し直した。独立宣言を読みながら、ハタと気づいたことがある。少し長いが、有名な前文の一部を引用する（沼崎訳）。なお、通常は人間と訳されるが、原文の〝Ｍｅｎ〟をわざと男性と訳してみる。

私たちは、こう信じます——すべての男性は生まれながらにして対等であり、決して手放すことのできない大切な権利を授かっている。その中に、生命を守り、自由を楽しみ、幸福を求める権利が含まれることは、言わずと知れた、自明の真理である。また、これらの権利を守るためにこそ、男性は政府を作るのであり、政府の権限の在り方は、統治される者の同意に基づくものでなければならない。そして、いついかなるときでも、政府の在り方が、この目的に反して人々の権利を侵すものであるならば、人々には、その政府の在り方を変えるか、その政府を解体し、安全と幸福を手に入れるために一番ふさわしい原理に基づき、そのために一番ふさわしい権限の配分を行って、新しい政府の形を作る権利がある、と。もちろん、長く続いてきた政府の在り方を軽々しく変えることは用心した方がいいでしょう。慣れ親しんだ政府の在り方を廃止するよりも、耐えられる限り苦難に耐えるほうを選びがちであるということは、長い歴史の示すとおりです。しかし、長い間の虐待と横暴を通して、絶対的な専制支配を押しつけられたときには、そのような政府の縛りをふりほどき、将来の安全を勝ち取るために新しい守りを築くことは、虐げられた人々の権利であり、また神聖な義務です。

これ以上ないほど植民地は抑圧に耐えてきたのであり、それゆえに人々はこれまでの政府の形を作り変えずにはいられないのです。現大英帝国国王の歴史は、まさに、植民地諸州に対する絶対的な恐怖政治の確立を唯一の目的とした、虐待と横暴の繰り返しの歴史でありました。

植民地人民の基本的人権と革命権を宣言したこの文章を、ほんの少しだけ書き換えてみよう。政府を家族に、男性を女性と子どもたちに、そして大英帝国国王を家父長制に置き換えると、次のようになる。

私たちは、こう信じます――すべての女性と子どもたちは生まれながらにして（男性と）対等であり、決して手放すことのできない大切な権利を授かっている。その中に、生命を守り、自由を楽しみ、幸福を求める権利が含まれることは、言わずと知れた、自明の真理である。また、これらの権利を守るためにこそ、女性と子どもたちは家族を作るのであり、家族の中の権限の在り方は、家族員一人ひとりの同意に基づくものでなければならない。そして、いついかなるときでも、家族の在り方が、この目的に反して家族員の権利を侵すものであるならば、家族員には、その家族の在り方を変えるか、その家族を解体し、安全と幸福を手に入れるために一番ふさわしい原理に基づき、そのために一番ふさわしい権限の配分を行って、新しい家族の形を作る権利がある、と。もちろん、長く続いてきた家族の在り方を軽々しく変えることは用心したほうがいいでしょう。慣れ親しんだ家族の在り方を廃止するよりも、耐えられる限り苦難に耐えるほうを選びがちであるということは、長い歴史の示すとおりです。しかし、長い間の虐待と横暴を通して、絶対的な専制支配を押しつけられたときには、そのような家族の縛りをふりほどき、将来の安全を勝ち取るために新しい守りを築くことは、虐げられた女性と子どもたちの権利であり、また神聖な義務です。

これ以上ないほど女性と子どもたちは抑圧に耐えてきたのであり、それゆえに彼女たちは家族の形を作り変えずにはいられないのです。家父長制の歴史は、まさに、女性と子どもたちに対する絶対的な恐怖政治の確立を唯一の目的とした、虐待と横暴の繰り返しの歴史でありました。

ＤＶ被害者支援に取り組むアメリカの友人たちに、この書き換えを見せたところ、大いに賛同してくれた。アメリカ独立の論理は、そっくりそのまま、ＤＶを告発する論理となるのだ。そうすると、大切なのは、すべての女性と子どもたちに、「生命を守り、自由を楽しみ、幸福を求める権利」を保障することになる。そのためには、私一人が「支配しない男」になるだけでは足りない。出発点は自分を変えることだが、終着点は社会全体を変えることでなければならないのだ。個人的なことは、やはり政治的なのである。
アメリカ独立宣言がＤＶからの独立宣言になることに気づいた私は、日本国憲法も同じではないかと考えるようになった。そして、特に九条が大切だと気づいた。条文は、こうなっている。

日本国民は、正義と秩序を基調とする国際平和を誠実に希求し、国権の発動たる戦争と、武力による威嚇又は武力の行使は、国際紛争を解決する手段としては、永久にこれを放棄する。
前項の目的を達するため、陸海空軍その他の戦力は、これを保持しない。国の交戦権は、これを認めない。

これを、次のように書き換えてみよう。

我々男性は、正義とケアを基調とする家庭平和を誠実に希求し、男権の発動たるドメスティック・バイオレンスと、暴力による威嚇又は暴力の行使は、家庭内紛争を解決する手段としては、永久にこれを放棄する。
前項の目的を達するため、身体的・精神的・経済的その他の支配力は、これを保持しない。男性の好戦権は、これを認めない。

DVについての講演を頼まれるたびに、この書き換えを必ず見せることにしている。戦争放棄の論理は、そっくりそのままDV放棄の論理になる。国際紛争でさえ武力で解決してはならないのなら、まして家庭内紛争を暴力で解決しようとしてはならないはずだ。国際関係に憲法九条が必要ならば、家族関係にも憲法九条が必要なのだ。とするならば、DVを本当は憲法で禁止すべきであろう。

ところが、DVは犯罪として刑法に規定されてさえいない。二〇〇一年に、「配偶者からの暴力の防止及び被害者の保護に関する法律」(いわゆるDV防止法)が成立したが、数度の改正の後も、まだまだ暴力の防止と被害者の保護の体制は不十分だというのが、DV被害者支援に携わる人たちの一致した意見だ。「支配する男」を許さない法制度が求められているのである。「支配しない男」を育てる教育制度が求められているのである。すべての女性と子どもたちに、「生命を守り、自由を楽しみ、幸福を求める権利」を保障する家族制度が求められているのである。

選択的夫婦別姓の法制化は、そのような家族制度の実現に向けた改革の第一歩になるのかもしれない。結婚改姓するかしないかなど、些細な問題のように思える。特に自分の姓を変えないことが当然だと思っている男たちは、そうだろう。かつての私も、そうだった。しかし、だったらなおさら、結婚に際して姓を変えたくないという人に、姓を変えない自由を認めるべきではないか。小さな不自由を減らすことで、少しだけ幸福になる人が増えるなら、社会全体の幸福度が増すのだから。

近代日本の家族制度が大きな曲がり角に直面していることを、何よりも明確に示しているのが、非婚化

（未婚化、晩婚化）と少子化の問題である。そして、その背景には、男性のリプロダクティブ・ヘルス／ライツが保障されない現状と、静かに進行している男性の結婚観・子ども観の変化がある。そう、私は見ている。社会が大きく変わらなければ、非婚化と少子化は止まらないだろう。結婚・出産・育児という個人的な問題は、実は大きな政治的な問題なのだ。

個人的な経験を通して、私は「支配しない男」になろうと努力してきた。なれたかどうか、正直なところ自信はない。「支配する男」たちが作り上げてきた諸制度と文化が、「支配しなさい」と誘惑してくる。それゆえ、「支配しない男」になるために、私は社会を変える運動に、男性支配による性差別と性搾取を終わらせる運動に参加し続けなければならないのである。

注

第一章　「伝統」への挑戦

（1）詳しくは、中生（一九九六）、深尾（一九九七）、張・江・劉（一九九五）、Chan（1995, 1997）, Jones（1995）を参照されたい。

（2）たとえば、八木・宮崎編（一九九六）、日本の教育を考える母親の会・夫婦別姓に反対する女性フォーラム共編（一九九七）などがある。

（3）より詳しくは、沼崎（一九九六、一九九八、一九九九）およびNumazaki（1997）を参照されたい。

（4）以下の記述は、Leung（1996）, Watson（1975）, 中生（一九九六）、深尾（一九九七）に依拠する。

（5）以下の記述は、滋賀（一九六七）に依拠する。

（6）以下の記述は、張・江・劉（一九九五）、Chan（1995, 1997）, Jones（1995）などに依拠する。

（7）詳しくは、Ng（2015）を参照されたい。

（8）詳しくは、井上（一九八六）、星野（一九八七）、福島・榊原・福沢（一九八九）、東京弁護士会女性の権利に関する委員会編（一九九〇）、高橋・折井・二宮（一九九三）などを参照されたい。

（9）以下の記述は、久武（一九八八）、井戸田（一九九三）、高橋・折井・二宮（一九九三）などに依拠する。

（10）戦後は、戸籍法が改正され、戸籍簿は核家族単位で編成されるようになったので、戸籍簿上の罫線の枠組も核家族単位となった。そして、戸籍簿のコンピュータ化が進んだ今では、プリントされる戸籍謄本はA4サイズで横書き、しかも罫線のない様式に変更されている。

（11）実はフグタ、イソノと姓の異なる二世帯家族にもかかわらず、「一体感」のある「家」として描かれている。

（12）以下に示す母娘の会話は、すべて勝部（一九九一）からの引用である。

（13）一九八一年に発効し、日本も一九八五年に批准した国連の「女子差別撤廃条約」の第二条f号を指す。第二条は、「女子に対する差別を撤廃する政策をすべての適当な手段により、かつ、遅滞なく追及すること」を求めているが、特にf号では「女子に対する差別となる既存の法律、規則、慣習及び慣行を修正し又は廃止するためのすべての適当な措置（立法措置を含む）をとること」を定めている。

（14）以下の記述は、井上（一九八六）、星野（一九八七）、福島・榊原・福沢（一九八九）、東京弁護士会女性の権利に関する委員会編（一九九〇）、高橋・折井・二宮（一九九三）に依拠する。

（15）以下の記述は、八木・宮崎編（一九九六）、日本の教育を考える母親の会・夫婦別姓に反対する女性フォーラム共編（一九九七）に依拠する。

（16）私も参加している仙台の別姓を考える会では、定期的に相談会を開き、また電子メールによる相談も受けつけているが、このような家名存続のための別姓についての相談も数多く寄せられており、その数は近年増加している。

（17）以下の記述は、Stannard（1973, 1977), Kupper（1990), Kerr（1992), 久武（一九八八）に依拠する。

（18）小西・安井・國廣編（一九八〇）、一〇九六頁。

第二章　司法の場での夫婦別姓論争

（1）http://www.courts.go.jp/app/hanrei_jp/detail2?id=85546
（2）http://www.asahi-net.or.jp/~dv3m-ymsk/saibannews.html なお、横書きの原文からの引用に際して、アラビア数字を漢数字に直した箇所がある。
（3）判決文からの引用に際しても、原文のアラビア数字を漢数字に直した箇所がある。
（4）平成二四（受）第一四〇二　http://www.courts.go.jp/app/hanrei_jp/detail2?id=84337
（5）平成二四年（ク）984 http://www.courts.go.jp/app/hanrei_jp/detail2?id=83520
（6）平成二五年（オ）1079 http://www.courts.go.jp/app/hanrei_jp/detail2?id=85547

第三章　〈産ませる性〉の義務と権利

（1）Sheldon（1999），一二九―一三〇頁。
（2）沼崎（一九九七）参照。
（3）Marsiglio（1998），五四頁。
（4）田中（一九九九）。
（5）以下の記述は、Morgentaler（1993），Hellstrom（1997），Mulcahy（1997），Nieschlag and Behre（1997）に基づく。
（6）本節の内容は、Daniels（1997）に依拠している。
（7）Okin（1989），Rhode（1989），Petchesky（1990）などを参照。

(8) Daniels (1997), Sheldon (1999).

(9) 柘植（二〇〇〇）、九頁。

(10) 本節の内容は、Brachen et al. (1990), Cicero (1994), Cicero et al. (1994), Colie (1993), Davis (1991), Davis et al. (1992), Daniels (1993, 1997), Dobkin et al. (1994), El-Gothamy and El-Smahy (1992), Friedler (1993), Holly et al. (1992), Lindbohm et al. (1991), Little and Sing (1987), Olshan and Faustman (1993), Sable et al. (1990), Savitz, Sonnenfeld, and Olshan (1994), Schmidt (1992), Sheldon (1999), Yazigi, Odem, and Polaskoski (1991) に依拠している。

(11) ギルモア（一九九四）。

(12) Marsiglio (1998), 七七―八〇頁。

(13) 柘植（二〇〇〇）、九頁。

(14) Tong (1997), 一二九頁。

(15) 柘植（二〇〇〇）参照。

(16) Newman (1987).

(17) 同上。

(18) ただし、この義務を個々の生物学的父親に担わせるべきかどうか、それが「子どもの最善の利益」かどうかは、議論の余地がある。男性が集団として、妊娠させ出産させた責任を取るという方法もあるかもしれない。たとえば、すべての成人男性から一定の税を徴収し、子どもの養育費を国家負担とすることも考えられる。また、意図せざる妊娠と出産に備えた自賠責保険を整備し、リスク負担を集団で分担することも可能であろう。

(19) Daniels (1997), 五八六頁。

(20) Sheldon (1999), 一三五―一三七頁。
(21) Daniels (1993), 七八頁。Sheldon (1999), 一三三頁。

第四章　家事・育児する男は少子化を止めるか?

(1) 内閣府(二〇〇四)、四一頁。
(2) 山口(二〇〇五)。
(3) 赤川(二〇〇四)、七五―九一頁。
(4) 上野(一九九八)、六一頁。
(5) マイヤー他(二〇〇五)、四〇頁。
(6) 内閣府(二〇一八)、一五頁。
(7) 同書、一三頁。
(8) 同書、一四頁。
(9) 国立社会保障・人口問題研究所(二〇一七)、三九頁。
(10) 同書、三九頁。
(11) 同書、四〇頁。
(12) 同書、四〇―四一頁。
(13) 同書、一三頁。
(14) 同書、一五頁。

(15) 同書、一四頁。
(16) 同書、一九頁。
(17) 同書、一九頁。
(18) 同書、一五頁。
(19) 森永(二〇〇二)、八五―九五頁。
(20) 厚生労働省大臣官房統計情報部(二〇〇二、二〇一〇)。
(21) 厚生労働省雇用均等・児童家庭局(二〇〇四)。
(22) ただし、若年一人っ子家族男性だけは、「独立した一人の人間」と回答する比率が他より低く、「自分の分身」と回答する比率が他より高い。
(23) 子どもの価値が、実用的・経済的価値から精神的価値へと変容している点については、柏木(二〇〇一)が詳しい。しかし柏木は女性＝母親の意識変化に焦点を合わせており、男性＝父親の意識についてはどちらかというと変化が遅れているといった論調が目立つ。一般に、男性に焦点を合わせた子ども観の研究は少ない。研究者や行政機関のジェンダー・バイアスが影響しているのではないか。
(24) 国立社会保障・人口問題研究所(二〇一七)、七三頁。
(25) 柏木(二〇〇一)、八三頁。
(26) 厚生労働省雇用均等・児童家庭局(二〇〇四)、二〇八頁。
(27) 同書、二〇九頁。
(28) 高橋(二〇〇四)。
(29) 同書、一八六頁。

(30) 柏木(二〇〇一)、三一頁。なお、中山(一九八二、一九九五)は、子どもを「授かる」、「つくる」という表現の歴史的な変化と、現代女性の実際の語りの中での用法とを分析し、「授かるもの」から「つくるもの」へと単線的に変化しているのではないこと、「授かる」、「つくる」は位相の異なる表現であり、実際の女性たちの認識は複雑で繊細であることを明らかにしている。男性の語りはどうなのか、今後の研究がまたれる。

(31) 柏木(二〇〇一)、六四頁。

(32) 厚生労働省雇用均等・児童家庭局(二〇〇四)、二三頁。

(33) 同書、一九頁。

(34) 国立社会保障・人口問題研究所(二〇一七)、六七頁。

(35) 同書、六八頁。

(36) 同書、六八頁。

(37) 同書、七〇頁。

(38) 赤川(二〇〇四)、一二八頁。

(39) 厚生労働省雇用均等・児童家庭局(二〇〇四)。

(40) このような考え方を最初に打ち出したのは、有名なゲリー・ベッカーの「出生力の経済分析」である(Becker 1960)。

(41) 森永(二〇〇二)、八九頁。

(42) 松田(二〇〇四)。

（1）齊藤（二〇〇三）、二一三頁。
（2）Gilligan（1993）、メイヤロフ（一九八七）らのケア概念に従う。
（3）メイヤロフ（一九八七）、一八—一九頁。
（4）二〇〇一年四月に成立した「配偶者からの暴力の防止及び被害者の保護に関する法律」（通称ＤＶ防止法）第一条における「配偶者からの暴力」の定義。なお、二〇〇四年六月の改正で、「これに準ずる心身に有害な影響を及ぼす言動」という文言が、暴力の定義に加えられた。
（5）本論では、ＤＶを、ヘテロセクシュアルな男性からヘテロセクシュアルな女性への暴力として語る。私自身が彼ら加害者男性と「同類」であるうえに、私の知るＤＶの事例の大部分が、ヘテロセクシュアルなカップルにおける男性から女性への暴力だからである。
（6）Schechter（1982）, Jones（2000）などを参照。
（7）アダムス（二〇〇一）、五一〇頁。
（8）Bancroft and Silverman（2003）, 三頁。
（9）アダムス（二〇〇一）、五一〇頁。
（10）より詳しくは、沼崎（二〇〇四）を参照されたい。
（11）アダムス（二〇〇一）、五一〇頁。
（12）『広辞苑』第五版、一四七七頁。
（13）山田（一九九四）、一一八頁。

(14) 同書、一一九頁。
(15) 同上。
(16) 細谷(一九九四)、五七頁。
(17) 同書、六一頁。
(18) 土居(一九七一)。
(19) 女性／女体が男性の「手」の延長として道具化されるという問題について、より詳しくは沼崎(二〇〇〇)を参照されたい。
(20) Okin (1989), 一三四―一六九頁。
(21) これを、土居健郎(一九七一)のように「甘えあい」と捉えてはならない。それでは、自由は支配者に偏在し、ケアの義務は被支配者が片務的に負わされているという、自由とケアの不平等が隠蔽されてしまう。一部の精神医学が主張する「共依存」とも異なる。「共依存」概念を特定の人間関係への嗜癖と一般化して社会学的に捉え直そうとする動きもある。これについては、Giddens (1992), 八九―九〇頁を参照。しかし、フェミニズムの視点からは「共依存」の概念は強く批判されている。たとえば、ペプコ(一九九七)を参照。フェミニストカウンセラーの井上摩耶子は、いわゆる「共依存」を「過剰責任行動」と言い換えている。井上(一九九八)、七〇頁を参照。
(22) 細谷(一九九四)、七八頁。
(23) ニッキャーシー&デイヴィッドソン(二〇〇〇)、五六―六二頁。
(24) Goodin (1985) 参照。
(25) 同書、一一八頁。
(26) Gilligan (1993) 参照。

(27) 同書、一七四頁。
(28) メイヤロフ(一九八七)、一三頁。
(29) 最首(一九九八)、三八九―三九〇頁。ただし、私は、他者を独立した権利主体と認めたうえで、その権利の尊重を義務として自己に内在化したものが内発的義務だと考える。「先ず権利ありき」と考える点で、私の見解は最首とは異なる。
(30) DV加害者になると、パートナーに対してまったく共感を示さず、「脆さと傷つきやすさ」への責任感は完全に欠落している。だからこそ平気で暴力を選べるわけだが、彼らの心性は決して特殊で例外的なものではない。Bancroft and Silverman (2003), 九―一〇頁参照。
(31) メイヤロフ(一九八七)、一〇三頁。
(32) 実は、DV加害者の多くが自分で自分をケアできないという特性を持っていることが知られており、セルフケアのトレーニングは、アメリカのDV加害者向け再教育プログラムの重要な要素になっている(アダムス&ケイユーエット二〇〇二)。
(33) Gilligan (1993), 一五一―一七四頁。
(34) ニッキャーシー&デイヴィッドソン(二〇〇〇)、五九―六一頁。
(35) 沼崎(一九九七)および本書第三章を参照されたい。
(36) 第Ⅱ部のコラム2で紹介したアカ人の事例は、私の仮説に一つの民族誌的根拠を提供してくれる。

(1) 内閣府男女共同参画局編（二〇〇二）。以下、本章における被害者証言の引用は、特に断りのない限り、本書からのものである。

(2) この違いを最初に指摘したマイケル・ジョンソンは、いわゆる夫婦喧嘩を「状況的カップル間暴力」、支配的で拘束的なドメスティック・バイオレンスを「親密なテロリズム」として概念的に区別することを提唱している（Johnson 2008）。なお、言うまでもないことであるが、この区別はあくまでも理念的なものであって、現実の境界線は曖昧である。また、いわゆる夫婦喧嘩であっても、暴行や脅迫が行われれば、それが犯罪であることに変わりはない。夫婦喧嘩であれば、暴力が許されるということではない。

(3) 「強圧的支配」という概念を初めて体系的に提示したのは、エヴァン・スタークである（Stark 2007）。以下の説明は、主として本書に依拠する。

(4) たとえば、原田恵理子・柴田弘子編（二〇〇三）に集められた被害者の体験を、内閣府の事例調査と比較するならば、被害の様態の共通性は明瞭である。また、私個人の活動経験と研究蓄積に照らしても、被害者が語る状況は驚くほど似通っており、総じて強圧的支配の特徴を示している。

(5) 内閣府男女共同参画局編（二〇〇二）、一六頁。

(6) 同書、一七頁。

(7) 同書、四〇頁。

(8) 『徳島新聞』二〇〇六年一二月二二、二三日。

(9) 警察庁（二〇〇七）。

(10) 代表的な研究には、Jones（1980）, Ewing（1987）, Browne（1987）, Walker（1989）, Gillespie（1989）, Downs（1996）, Ogle and Jacobs（2002）がある。

参考文献

赤川学 二〇〇四 『子どもが減って何が悪いか！』 ちくま新書。
アダムス、デヴィッド 二〇〇一 「ＤＶ加害者のための治療モデルの分析――フェミニズムを支持する男性カウンセラーの立場から」沼崎一郎訳、『アディクションと家族』一八巻四号、四九九―五一七頁。
アダムス、デヴィッド＆ケイユーエット、スーザン 二〇〇二 「エマージーバタラー（ＤＶ加害者）のためのグループ教育モデル」沼崎一郎訳、『アディクションと家族』一九巻二号、二〇五―二三一頁。
井戸田博史 一九九三 『家族の法と歴史』世界思想社。
井上治代 一九八六 『女の「姓」を返して』創元社。
井上摩耶子 一九九八 『フェミニストカウンセリングへの招待』ユック舎。
上野千鶴子 一九九八 「出生率低下――誰の問題か？」『人口問題研究』五四巻一号、四一―六二頁。
柏木恵子 二〇〇一 『子どもという価値――少子化時代の女性の心理』中公新書。
勝部温子 一九九一 『別姓結婚への選択――母のとまどい、娘の主張』セルバ。
ギルモア、デイヴィッド 一九九四 『「男らしさ」の人類学』前田俊子訳、春秋社。
警察庁 二〇〇七 『配偶者からの暴力事案の対応について』警察庁。
厚生労働省雇用均等・児童家庭局 二〇〇四 『少子化に関する意識調査研究報告書』https://www.mhlw.go.jp/

houdou/2004/08/h0813-2/index.html
厚生労働省大臣官房統計情報部　二〇〇二「『出生に関する統計』の概況」https://www.mhlw.go.jp/toukei/saikin/hw/jinkou/tokusyu/syussyo-4/index.html
厚生労働省大臣官房統計情報部　二〇一〇「平成22年度『出生に関する統計』の概況」https://www.mhlw.go.jp/toukei/saikin/hw/jinkou/tokusyu/syussyo06/index.html
国立社会保障・人口問題研究所　二〇一七『現代日本の結婚と出産――第15回出生動向基本調査（独身者調査ならびに夫婦調査）報告書』http://www.ipss.go.jp/ps-doukou/j/doukou15/NFS15_reportALL.pdf
小西友七・安井稔・國廣哲彌編　一九八〇『小学館プログレッシブ英和中辞典』小学館。
最首悟　一九九八『星子が居る――言葉なく語りかける重複障害者の娘との二〇年』世織書房。
齋藤純一　二〇〇三「親密圏と安全性の政治」、齋藤純一編『親密圏のポリティクス』ナカニシヤ出版、二一一―二三六頁。
椎名規子　二〇一八「ローマ法における婚姻制度とこの法的地位の関係――欧米における婚外子差別のルーツを求めて」『政治・経済・法律研究』拓殖大学、二〇巻二号、四七―八一頁。
滋賀秀三　一九六七『中国家族法の原理』創文社。
高橋菊枝・折井美耶子・二宮周平　一九九三『夫婦別姓への招待』有斐閣。
高橋均　二〇〇四「戦略としてのヴォイスとその可能性――父親の育児参加をめぐって」、天童睦子編『育児戦略の社会学』世界思想社、一七六―二〇〇頁。
田中雅一　一九九九「射精する性――男性のセクシュアリティ言説をめぐって」、西川祐子・荻野美穂編『共同研究・男性論』人文書院、一八三―二〇〇頁。
張月鳳・江琼珠・劉燕芬編　一九九五『従這一天開始――爭取平等繼承權資料』婦女團體爭取平等繼承權聯席。

柘植あづみ 二〇〇〇 「女性の人権としてのリプロダクティブ・ヘルス／ライツ」『国立婦人教育会館研究紀要』四号、九―一四頁。
土居健郎 一九七一 『「甘え」の構造』弘文堂。
東京弁護士会女性の権利に関する委員会 一九九〇 『これからの選択夫婦別姓』日本評論社。
内閣府 二〇〇四 『平成16年版少子化社会白書（全体版）』https://www8.cao.go.jp/shoushi/shoushika/whitepaper/measures/w-2004/pdf_h/honpen.html
内閣府 二〇一八『平成30年版 少子化対策白書 全体版』https://www8.cao.go.jp/shoushi/shoushika/whitepaper/measures/w-2018/30pdfhonpen/30honpen.html
内閣府男女共同参画局編 二〇〇二『配偶者等からの暴力に関する事例調査－夫・パートナーからの暴力被害についての実態調査』財務省印刷局。
中生勝美 一九九六 「植民地法と香港社会――新界の女子相続権をめぐる紛争」『アジア経済』三七巻一二号 三五―五三頁。
中山まき子 一九八二 「妊娠体験者の子どもを持つことにおける意識――子どもを〈授かる〉・〈つくる〉意識を中心に」『発達心理学研究』三巻二号、五一―六四頁。
中山まき子 一九九五 「子どもを持つこととは――生命の誕生をめぐる日本人の考え方」、浅井美智子・柘植あづみ編『つくられる生殖神話』制作同人社、一五―五三頁。
ニッキャーシー、ジニー&デイヴィッドソン、スー 二〇〇〇 『新装版 夫・恋人の暴力から自由になるために』むらさき工房訳、パンドラ。
日本の教育を考える母親の会・夫婦別姓に反対する女性フォーラム共編 一九九七 『ちょっとまって！ 夫婦別姓』日本

教育新聞社。
沼崎一郎 一九九六 「多様な家族を認める社会に」『世界』六二四号、一九九六年七月号、九八—一〇五頁。
沼崎一郎 一九九七 「〈孕ませる性〉の自己責任——中絶・避妊から問う男の性倫理」『インパクション』一〇五号、八六—九六頁。
沼崎一郎 一九九八 「伝統への自由、伝統からの自由——パブリック・フィロソフィーとしての多文化主義へ」、山脇直司・大沢真理・大森彌・松原隆一郎編『ライブラリ相関社会科学5 現代日本のパブリック・フィロソフィ』新世社 二九三—三二一頁。
沼崎一郎 一九九九 「植民地社会における『伝統』と『人権』——香港の歴史と近代化のなかで」、窪田幸子・八木祐子編『社会変容と女性——ジェンダーの文化人類学』ナカニシヤ出版、二〇三—二三〇頁。
沼崎一郎 二〇〇〇 「マスターベーションの政治経済学——女性を〝道具化〟する男性セクシュアリティの個人的形成」『アディクションと家族』一七巻四号、三七七—三八二頁。
沼崎一郎 二〇〇四 「客観的行為主義から主観的関係主義へ——セクシュアル・ハラスメント／ドメスティック・バイオレンスにおける感情の権利化／権利の主観化」『法社会学』六〇号、一〇一—一一六頁。
原田恵理子・柴田弘子編 二〇〇三 『ドメスティック・バイオレンス女性150人の証言』明石書店。
久武綾子 一九八八 『氏と戸籍の女性史』世界思想社。
深尾葉子 一九九七 「遅れてきた革命——香港新界女子相続権をめぐる『秩序の場』について」、瀬川昌久編『香港社会の人類学』風響社、三九—七二頁。
ベプコ、クラウディア 一九九七 『フェミニズムとアディクション——共依存セラピーを見直す』斉藤学訳、日本評論社。
福島瑞穂 一九九七 『福島瑞穂の夫婦別姓セミナー』自由国民社。

福島瑞穂・榊原富士子・福沢恵子　一九八九　『楽しくやろう夫婦別姓』明石書店。
星野澄子　一九八七　『夫婦別姓時代』青木書店。
細谷実　一九九四　『性別秩序の世界――ジェンダー／セクシュアリティと主体』マルジュ社。
マイヤー、マイケル／タイル、シュテファン／ベーブ、エリック／マクニコル、トレーシー／糸井恵／シェーファー、セーラ／マシューズ、オーエン　二〇〇五「少子化の影が世界を覆う」『ニューズウィーク日本版』二〇〇五年二月一六日号、三八―四五頁。
松田茂樹　二〇〇四　「男性の家事参加――家事参加を規定する要因」、渡辺秀樹・稲葉昭英・嶋崎尚子編『現代家族の構造と変容――全国家族調査［NFRJ98］による計量分析』東京大学出版会、一七五―一八九頁。
メイヤロフ、ミルトン　一九八七　『ケアの本質――生きることの意味』田村真・向野宣之訳、ゆみる出版。
森永卓郎　二〇〇二　『シンプル人生の経済設計』中公新書ラクレ。
八木秀次・宮崎哲弥編　一九九六　『夫婦別姓大論破』洋泉社。
山口一男　二〇〇五　「少子化の決定要因と対策について――夫の役割、職場の役割、政府の役割、社会の役割」『季刊家計経済研究』六六号、五七―六七頁。
山田昌弘　一九九四　『近代家族のゆくえ――家族と愛情のパラドックス』新曜社。

Bancroft, L. and Silverman, J. G., 2003. *The Batterer as Parent: Addressing the Impact of Domestic Violence on Family Dynamics*, Sage.
Becker, G. 1960. An Economic Analysis of Fertility, in Coale, A. J. (ed.), *Demographic and Economic Change in Developed Countries*, National Bureau of Economic Research, pp. 209 - 231.

Brachen, M. B., Eshenazi, B., Sachse, K., McSharry, J. E. 1990. Association of Cocaine Use with Sperm Concentration, Motility and Morphology, *Fertility and Sterility*, 53, pp. 315-322.

Browne, Angela, 1987. *When Battered Women Kill*, Free Press.

Chan, E. Chong-lai 1995. Negotiating Daughterhood: A Case Study of the Female Inheritance Movement in the New Territories, Hong Kong, M Phil Thesis, Chinese University of Hong Kong.

Chan, E. Chong-lai 1997. Jyuht Fòhng Néuih: Female Inheritance and Affection, in G. Evans and M. Tam (eds.) , *Hong Kong: The Anthropology of a Chinese Metropolis*, Curzon Press, pp. 174-197.

Cicero, T. J. 1994. Effects of Paternal Exposure to Alcohol on Offspring Development, *Alcohol Health and Research World*, 18, pp. 37-41

Cicero, T. J., Nock, B., O'Connor, L. H., Sewing, B. N., Adams, M. L., and Meyer, E. B. 1994. Acute Paternal Alcohol Exposure Impairs Fertility and Fetal Outcome, *Life Sciences*, 55, pp. 33-36

Colie, C. F. 1993. Male Mediated Teratogenesis, *Reproductive Toxicology*, 7, pp. 3-9.

Daniels, C. R. 1993. *At Women's Expense: State Power and the Politics of Fetal Rights*, Harvard University Press.

Daniels, C. R. 1997. Between Fathers and Fetuses: The Social Construction of Male Reproduction and the Politics of Fetal Harm, *Sings,* 22, pp. 579-616

Davis, D. L. 1991. Paternal Smoking and Fetal Health, *Lancet*, 337, p. 123

Davis, D. L., Friedler, G., Mattison, D. and Morris, R. 1992. Male-Mediated Teratogenesis and Other Reproductive Effects: Biological and Epidemiologic Findings and a Plea for Clinical Research, *Reproductive Toxicology*, 6, pp. 289-292.

Dobkin, P. L., Tremblay, R. E., Desmaraisgervais, L., and Depelteau, L. 1994. Is Having an Alcoholic Father Hazardous for Children's Physical Health?, *Addiction*, 89, pp. 1619-1627

Downs, Donald Alexander, 1996. *More than Victims: Battered Women, The Syndrome Society, and the Law*, University of Chicago Press.

El-Gothamy, Z., and El-Samahy, M. 1992. Ultrastructure Sperm Defects in Addicts, *Fertility and Sterility*, 57, pp. 699-702.

Ewing, Charles Patrick, 1987. *Battered Women Who Kill: Psychological Self-Defense as Legal Justification*, D.C. Heath.

Friedler, G. 1993. Developmental Toxicology: Male-Mediated Effects, P. Maureen (ed.), *Occupational and Environmental Reproductive Hazzards*, Williams & Wilkins, pp. 52-59.

Giddens, A., 1992, *The Transformation of Intimacy: Sexuality, Love and Eroticism in Modern Societies*, Stanford University Press.

Gillespie, Cynthia K., 1989. *Justifiable Homicide: Battered Women, Self-Defense, and the Law*, Ohio State University Press.

Gilligan, C., 1983, *In a Different Voice: Psychological Theory and Women's Development*, Harvard University Press.

Goodin, R. E. 1985. *Protecting the Vulnerable: A Reanalysis of Our Social Responsibility*, University of Chicago Press.

Hellstrom, W. J. G. 1997. *Male Infertility and Sexual Dysfunction*, Springer.

Holly, E., Aston, D., Ahn, D. Kristiansen, J. 1992. Ewing's Bone Sarcoma, Paternal Occupational Exposure, and Other Factors, *American Journal of Epidemiology*, 135, pp. 122-129.

Johnson, Michael P., 2008. *A Typology of Domestic Violence*, Boston: Northeastern University Press

Jones, Ann, 1980. *Women Who Kill: When Battered and Abused Women Fight Back*, New York: Holt, Rinehart & Winston.

Jones, Ann, 2000. *Next Time, She'll Be Dead: Battering and How to Stop It*, revised and updated edition, Boston: Beacon Press.

Jones, Carol, 1995. The New Territories Inheritance Law: Colonization and the Élites, in V. Pearson and B. K. P. Leung (eds.), *Women in Hong Kong*, Hong Kong: Oxford University Press, pp. 167-192.

Kerr, A. M., 1992. *Lucy Stone: Speaking Out for Equality*, New Brunswick, NJ: Rutgers University Press.

Kupper, Susan J., 1990. *Surnames for Women: A Decision-Making Guide*, Jefferson, NC: McFarland & Company.

Leung, B. K. P., 1996. *Perspectives on Hong Kong Society*, Hong Kong: Oxford University Press.

Lindbohm M-L., Hermminki, K., Bonhomme, M. G., Anttila, A., Rantala, K. Heikkila P., and Rosenberg, M. J. 1991. Effects of Paternal Occupational Exposure on Spontaneous Abortions, *American Journal of Public Health*, 81, pp.1029-1033.

Little, R. E., and Sing, C. F. 1987. Father's Drinking and Infant Birth Weight: Report of an Association, *Teratology*, 36, pp. 59-65.

Marsiglio, W. 1998. *Procreative Man*, New York University Press.

Morgentaler, A. 1993. *The Male Body: A Physician's Guide to What Every Man Should Know about His Sexual Health*, Simon & Schuster.

Mulcahy, J. J. (ed.) , 1997. *Diagnosis and Management of Male Sexual Dysfunction*, Igaku-Shoin

Newman, R. 1987. His Sexuality, Her Reproductive Rights, *Changing Men*, 47, pp. 2-4.

Ng, Fung Sheung Isabella, 2115. "Is there still a Gender Divide? Indigenous Women in Hong Kong since the Legitimation of Female Land Inheritance during the Post-Colonial Era," Ph.D. Thesis, SOAS, University of London.

Nieschlag E. and Behre, H. M. (ed.) , 1997. *Andrology: Male Reproductive Health and Dysfunction*, Springer.

Numazaki, Ichiro, 1997. "To Change or Not to Change Surname upon Marriage: An Analysis of the *Fufu Betsusei* Controversy," *Japanese Society*, vol. 2, pp. 20-41.

Ogle, Robbin S. and Jacobs, Susan, 2002. *Self-Defense and Battered Women Who Kill: A New Framework*, Westport, CT: Praeger.

Okin, S. M., 1989. *Justice, Gender, and the Family*, New York: Basic Books.

Olshan A. F., and Faustman, E. M. 1993. Male-Mediated Developmental Toxicology, *Reproductive Toxicology*, 7, pp. 191-202.

Petchesky, R. P. 1990. *Abortion and Women's Choice: The State, Sexuality, and Reproductive Freedom*, revised ed., Northeastern University Press.

Rhode, D. L. 1989. *Justice and Gender*, Harvard University Press.

Sable, M. R., Stockbauer, J. W., Schramm, W. F., and Land, G. H. 1990. Differentiating the Barriers to Adequate Prenatal Care in Missouri, 1987-1988, *Public Health Reports*, 105, pp. 549-555.

Savitz, D., Sonnenfeld, N., and Olshan, A. 1994. Review of Epidemiologic Studies of Paternal Occupational Exposure and Spontaneous Abortion, *American Journal of Industrial Medicine*, 25, pp. 361-383

Schechter, S., 1982. *Woman and Male Violence: The Visions and Struggles of the Battered Women's Movement*, Boston: South End Press.

Schmidt, K. F. 1992. The Dark Legacy of Fatherhood, *U. S. News and World Report*, December 14, pp. 92-96.

Sheldon, S. 1999. Reconceiving Masculinity: Imagining Men's Reproductive Bodies in Law, *Journal of Law and Society*, 26, pp. 129-149.

Stannard, Una, 1973. *Married Women v. Husbands' Names: The Case for Wives Who Keep Their Own Name*, Germainbooks.

Stannard, Una, 1977. *Mrs Man*, Germainbooks.

Stark, Evan, 2007. *Coercive Control*, Oxford University Press.

Tong, R. 1997. *Feminist Approaches to Bioethics: Theoretical Reflections and Practical Applications*, Westview Press.

Walker, Lenore E., 1989. *Terrifying Love: Why Battered Women Kill, and How Society Responds*, New York: Harper & Row.

Watson, J. 1975. *Emigration and the Chinese Lineage*, Berkeley, CA: University of California Press.

Yazigi, R. A., Odem, R. R., and Polakoski, K. L. 1991. Demonstration of Specific Binding of Cocaine to Human Spermatozoa, *Journal of the American Medical Association*, 264, pp. 596-600.

初出一覧

第Ⅰ部

第一章　「家族と人権」（原ひろ子編『比較文化研究――ジェンダーの視点から』放送大学教育振興会、二〇〇二年、二五三―二七四頁）に加筆。

第二章　「夫婦別姓に関する二〇一五年一二月一六日大法廷判決について」（『別姓通信』一一八号、二〇一六年二月二〇日、二六―四四頁）に加筆。

コラム１　「新・同時代の男性学二四　ニュー夫婦別姓訴訟⑴」（『くらしと教育をつなぐＷｅ』二一八号、二〇一九年二／三月、七二―七四頁）および「新・同時代の男性学二五　ニュー夫婦別姓訴訟⑵」『くらしと教育をつなぐＷｅ』二一九号、二〇一九年四／五月、六八―七〇頁）に加筆。

第II部

第三章　「男性にとってのリプロダクティブ・ヘルス／ライツ――〈産ませる性〉の義務と権利」（『国立婦人教育会館紀要』四号、二〇〇〇年一一月、一五―二三頁）に加筆。

第四章　「家事・育児する男は少子化を止めるか？――変容する男性の結婚観・子ども観とその影響に関する試論」（『国際ジェンダー学会誌』三号、二〇〇五年九月、六三―八七頁）に加筆、データを可能な限りアップデート。

コラム2　「誌上FD　気づきと目覚めのジェンダー教育⑱『母性』ってあるの？」（『看護教育』五二巻六号、二〇一一年六月、四八八―四九二頁）の一部を元に、大幅加筆。

第III部

第五章　「愛と暴力――ドメスティック・バイオレンスから問う親密圏の関係倫理」（金井淑子編『岩波応用倫理学講義5　性／愛』岩波書店、二〇〇四年、一六一―一七九頁）に加筆。

第六章　DV被害者が殺人あるいは殺人未遂で起訴された事件において、裁判所に提出した意見書を元に、書き下ろし。

コラム3　「DV加害者の実像と求められる対策」（戒能民江他編『講座ジェンダーと法第3巻　暴力からの解放』日本加除出版、二〇一二年、一二三―一二七頁）を再録。統計データのみ可能な限りアップデート。

沼崎一郎

1958年宮城県生まれ．東北大学文学部卒．91年ミシガン州立大学大学院博士課程修了，92年，Ph.D. 取得。現在，東北大学文学部教授．専攻，文化人類学，東アジア研究，人権，ジェンダー（特に男性性）．主なフィールドは台湾，香港．日本では，女性への暴力に取り組む市民運動とアドヴォカシー活動に参加．著書，『キャンパス・セクシュアル・ハラスメント対応ガイド――あなたにできること，あなたがすべきこと 改訂増補版』（嵯峨野書院，2005），『なぜ男は暴力を選ぶのか ――ドメスティック・バイオレンス理解の初歩』（かもがわブックレット，2002），『台湾社会の形成と変容――二元・二層構造から多元・多層構造へ』（東北大学出版会，2014）ほか．

「支配しない男」になる
別姓結婚・育児・DV被害者支援を通して

2019年５月24日　第１刷発行

著　者　沼崎一郎《ぬまざきいちろう》
装　画　川名　京
装　幀　矢部竜二 BowWow
発行者　中川和夫
発行所　株式会社 ぷねうま舎
〒162-0805　東京都新宿区矢来町122　第2矢来ビル3F
電話 03-5228-5842　ファックス 03-5228-5843
http://www.pneumasha.com
印刷・製本　株式会社ディグ

©Ichiro, Numazaki 2019
ISBN 978-4-906791-86-6　Printed in Japan

共感する人
——ホモ・エンパシクスへ、あなたを変える三つのステップ——
ローマン・クルツナリック
田中一明・荻野高拡 訳
四六判・三七六頁
本体二八〇〇円

人類はどこへいくのか
——ほんとうの転換のための三つのS〈土・魂・社会〉——
サティシュ・クマール
田中万里 訳
四六判・二八〇頁
本体二三〇〇円

障害を抱きしめて
——もう一つの生き方の原理 インクルージョン——
鈴木文治
四六判・二四〇頁
本体二三〇〇円

ちいろば園と歩んだ25年
——障がい者と「共に生きる」社会を目指して——
高見敏雄
四六判・二一〇頁
本体一八〇〇円

養生訓問答
——ほんとうの「すこやかさ」とは——
中岡成文
四六判・二一〇頁
本体一八〇〇円

となりの認知症
西川　勝
四六判・二〇〇頁
本体一五〇〇円

死で終わるいのちは無い
——死者と生者の交差点に立って——
三橋尚伸
四六判・二一六頁
本体二〇〇〇円

〝ふつうの〟サルが語るヒトの起源と進化
中川尚史
四六判・二一六頁
本体二三〇〇円

ダライ・ラマ 共苦《ニンジェ》の思想
辻村優英
四六判・二六六頁
本体二八〇〇円

——ぷねうま舎——
表示の本体価格に消費税が加算されます
2019年5月現在